MISTÉRIOS E PRÁTICAS
DA
LEI DE UMBANDA

Dados Internacionais de Catalogação na Publicação (CIP)
(Câmara Brasileira do Livro, SP, Brasil)

Silva, W. W. da Matta e
Mistérios e práticas da lei de Umbanda / W. W. da Matta e Silva (Mestre Yapacani). – São Paulo: Ícone, 2015.

ISBN 978-85-274-0585-0

1. Umbanda (Culto) I. Título.

99-3751   CDD-299.60981

Índices para catálogo sistemático:

1. Umbanda: Religiões afro-brasileiras   299.60981

W. W. DA MATTA E SILVA
(Mestre Yapacani)

MISTÉRIOS E PRÁTICAS DA
LEI DE UMBANDA

2ª Edição

2015

© Copyright 2015.
Ícone Editora Ltda

Capa
Suely Danelon

Diagramação
Rosicler Freitas Teodoro

Revisão
Rosa Maria Cury Cardoso

Proibida a reprodução total ou parcial desta obra,
de qualquer forma ou meio eletrônico, mecânico,
inclusive através de processos xerográficos,
sem permissão expressa do editor
(Lei nº 5.988, 14/12/1973).

Todos os direitos reservados pela
ÍCONE EDITORA LTDA.
Rua Javaés, 589 - Bom Retiro
CEP 01130-010 São Paulo - SP
Tels./Fax.: (011)3666-3095

W. W. DA MATTA E SILVA: UM ARAUTO DO ALÉM (1917-1988)

A pedido da **família Matta e Silva**, que muito nos honra, estamos introduzindo esta portentosa e valiosa obra. Queremos ressaltar que a família Matta e Silva, liderada por seu **filho carnal** Ubiratan da Matta e Silva, guiada pelas luzes do Astral Superior e, não temos a menor dúvida, por **Pai Guiné**, não pouparam esforços para que estas e outras obras de **Mestre Matta e Silva** fossem editadas pela Ícone Editora, deveras conhecida pelo serviços prestados em favor da educação e da cultura do nosso país.

Assim, **reiteramos** que só aceitamos a tarefa de introduzir esta e outras obras de nosso Pai, Mestre e Amigo Matta e Silva, por **dois motivos:**

O primeiro, pela insistência por parte da família Matta e Silva, principalmente de seu filho carnal, Ubiratan, ao qual dispensamos profunda amizade e queremos como a um irmão. Igualmente, não podeíamos nos furtar em aquiescer a um pedido de um grande Irmão e Amigo, o **Sr. Fanelli**, Diretor-Presidente da Ícone Editora.

O segundo e principal pelos **sinais** do Astral Superior. Sim, as obras de **meu Pai** serão editadas na **mesma editora que edita nossas obras,** há vários anos. Por que será?!!

Sim, tudo é um seqüencial, e quiseram os desígnios superiores que duas gerações unidas dessem seguimento a um trabalho iniciado há mais de quarenta anos.

Esperamos, com isso, responder, a **todos os incautos e mal-intencionados,** que a justiça sempre se expressa, cedo ou tarde. Eis aí, pois, a sua manifestação...

Após estas ligeiras explicações, pedimos ao Leitor Amigo, simpatizante e interessado nas obras e na pessoa de **Matta e Silva,** que leia atentamente o que se seguirá, pois demonstrará de forma insofismável os porquês de estarmos introduzindo esta e outras obras que virão.

Conheçamos um pouco sobre o homem Matta e Silva e também sobre o **Mestre Espiritual Yapacani,** verdadeiro **Mensageiro do Além**.

Nascido em Garanhuns, Pernambuco, em 28.06.1917, talvez tenha sido o médium que maiores serviços prestou ao Movimento Umbandista, durante seus 50 anos de mediunismo. Não há dúvidas hoje, após 8 anos de sua *passagem* para outras dimensões da vida, que suas 9 obras escritas constituem as bases e os fundamentos do **puro e real Umbandismo.**

Sua tarefa na literatura Umbandista, que fez milhares de simpatizantes e seguidores, iniciou-se no ano de 1956. Sua primeira obra foi *Umbanda de Todos Nós* — considerada por todos a *Bíblia da Umbanda,* pois transcendentais e avançados eram e são seus ensinamentos. A 1ª edição veio à luz, através da Gráfica e Editora Esperanto, a qual situava-se, na época, à rua General Argôlo, 230, Rio de Janeiro.

O exemplar nº 1 desta fabulosa e portentosa obra encontra-se em nosso poder... presenteados que fomos pelo insigne Mestre. Em sua dedicatória consta:

Rivas, este exemplar é o nº 1. Te dou como prova do grande apreço que tenho por você, Verdadeiro filho de Fé do meu Santuário — do Pai Matta — Itacurussá, 30.07.86.

MISTÉRIOS E PRÁTICAS DA LEI DE UMBANDA

Desta mesma obra temos em mãos as promissórias que foram pagas, por Ele, à Gráfica Esperanto, que facilitou o pagamento dos 3.500 exemplares em 180 dias ou 6 parcelas. Vimos, pois, que a 1ª edição de *Umbanda de Todos Nós*, para ser editada, teve seu autor de pagá-la.

Umbanda de Todos Nós agradou a milhares de Umbandistas, que encontraram nela os reais fundamentos em que poderiam se escudar, mormente nos aspectos mais puros e límpidos da Doutrina Umbandista. Mas, se para muitos foi um impulso renovador de fé e convicção, para outros, os interessados em iludir, fantasiar e vender ilusões, foi um verdadeiro obstáculo às suas funestas pretensões, tanto que começaram a combatê-la por todos os meios possíveis e até à socapa.

Realmente, foi uma luta Astral, uma demanda, em que as Sombras e as Trevas utilizaram-se de todos os meios agressivos e contundentes que possuíam, arrebanhando para suas *fileiras do ódio e da discórdia* tudo o que de mais nefando e trevoso encontrassem, quer fosse encarnado ou desencarnado.

Momentos difíceis assoberbaram a rígida postura do Mestre, que muitas vezes, segundo ele, sentiu-se balançar. Mas não caiu!

E os outros? Ah! os outros...

Decepcionado com a recepção destes verdadeiros opositores, renhidos e fanáticos, à sua obra, Matta e Silva resolveu cruzar suas armas, que eram sua intuição, sua visão astral, calcada na lógica e na razão, e sua máquina de escrever... Embora confiasse no Astral, obteve Agô para um pequeno recesso, onde encontraria mais forças e **alguns raros e fiéis aliados** que o seguiriam no desempenho da missão que ainda o aguardava.

Na época, não fosse por seu *Astral,* Matta e Silva teria desencarnado... Várias vezes, disse-nos, só não tombou porque Oxalá não quis... muitas vezes precisou dormir com sua *gira firmada*, pois ameaçavam-no de levá-lo durante o sono... Imaginem os leitores amigos os assaltos que devem ter assoberbado o nobre Matta e Silva...

Pai Cândido, que logo a seguir denominou-se como **Pai Guiné**, assumiu toda responsabilidade pela manutenção e reequilíbrio astrofísico de seu Filho, para em seguida orientá-lo na escrita de mais um livro. Sim, aí lançou-se, através da Editora Esperanto, *Umbanda — Sua Eterna Doutrina*, obra de profunda filosofia transcendental. Até então, jamais haviam sido escritos os conceitos esotéricos e metafísicos expostos. Brilhavam, como ponto alto em sua doutrina, os conceitos sobre o Cosmo Espiritual ou Reino Virginal, as origens dos Seres Espirituais, etc... Os Seres Espirituais foram ditos como sendo incriados e, como tal, eternos...

Devido a ser muito técnica, *Umbanda — Sua Eterna Doutrina* agradou aos estudiosos de todas as Correntes. Os intelectuais sentiram peso em seus conceitos, sendo que, para dizer a verdade, passou até certo ponto desapercebida pela grande massa de crentes, e mesmo pelos ditos dirigentes umbandistas da época.

Ainda não se esgotara a 1ª edição de *Umbanda Sua Eterna Doutrina* e Pai Matta já lançava outra obra clássica, que viria a enriquecer ainda mais a Doutrina do Movimento Umbandista. Complemento e ampliação dos conceitos herméticos esposados por *Umbanda Sua Eterna Doutrina*, o novo livro, *Doutrina Secreta da Umbanda*, agradou mais uma vez a milhares de pessoas.

Não obstante suas obras serem lidas não só por adeptos umbandistas, mas também por simpatizantes e mesmo estudiosos das Ciências Ocultas, seu Santuário, em Itacurussá, era freqüentado pelos simples, pelos humildes, que sequer desconfiavam ser o *velho Matta* um escritor conceituado no meio umbandista. Em seu Santuário, *Pai Matta* guardou o anonimato, vários e vários anos, em contato com a natureza e com a pureza de sentimentos dos simples e humildes. Ele merecera esta dádiva, e nesta doce Paz de seu *"terreirinho"* escreveria mais outra obra, também potente em conceitos.

Assim nasceu *Lições de Umbanda e Quimbanda na Palavra de um Preto-Velho*, obra mediúnica que apresenta um diálogo edificante entre um Filho-de-Fé (*ZiCerô*) e a Entidade Espiritual que

MISTÉRIOS E PRÁTICAS DA LEI DE UMBANDA 9

se diz *Preto-Velho*. Obra de nível, mas de fácil entendimento, sem dúvida foi um marco para a Doutrina do Movimento Umbandista.

Após quatro obras, *Matta e Silva* tornou-se por demais conhecido, sendo procurado por simpatizantes de todo o Brasil. Embora atendesse a milhares de casos, como em geral são atendidos em tantos e tantos terreiros por este Brasil afora, havia em seu atendimento uma diferença fundamental: as dores e mazelas que as humanas criaturas carregam eram retiradas, seus dramas equacionados à luz da Razão e da Caridade, fazendo com que a **Choupana** do *Velho Guiné* quase todos os dias estivesse lotada... Atendia também aos oriundos de Itacurussá — na ocasião uma cidade sem recursos — que, ao necessitarem de médico, e não havendo nenhum na cidade, recorriam ao *Velho Matta*. Ficou conhecido como curandeiro, e sua fama ultrapassou os limites citadinos, chegando às ilhas próximas, de onde acorreram centenas de sofredores de vários matizes.

Como se vê, é total iniquidade e falta de conhecimento atribuir a Matta e Silva a pecha de elitista. Suas obras são honestas, sinceras, reais, e revelam em suas causas o **hermetismo** desta *Umbanda de Todos Nós*.

Continuando a seguir a jornada missionária de Pai Matta, vamos encontrá-lo escrevendo mais uma obra: *Mistérios e Práticas da Lei de Umbanda*. Logo a seguir, viria *Segredos da Magia de Umbanda e Quimbanda*. A primeira ressalta de forma bem simples e objetiva as raízes míticas e místicas da Umbanda. Aprofunda-se no sincretismo dos Cultos Afro-brasileiros, descortinando o panorama do atual Movimento Umbandista. A segunda aborda a Magia Etéreo-Física, revela e ensina de maneira simples e prática certos rituais seletos da Magia de Umbanda. Constitui obra de cunho essencialmente prático e muito eficiente.

Prosseguindo, chegamos a *Umbanda e o Poder da Mediunidade*. Nesta obra entenderemos como e porquê ressurgiu a Umbanda no Brasil. Ela aponta as verdadeiras origens da Umbanda. Fala-nos da magia e do médium-magista. Conta-nos, em detalhes, ângulos importantíssimos da magia sexual. Há neste livro uma descrição dantesca sobre as zonas cavernosas do baixo astral, revelando covas com seus magos negros que, insistentemente, são alimentados em suas forças por pensamentos, atos e até por *oferendas* grosseiras das humanas criaturas.

Após sete obras, atendendo a numerosos pedidos de simpatizantes, resolveu o Mestre lançar um trabalho que sintetizasse e simplificasse todas as outras já escritas. Assim surgiu **Umbanda do Brasil**, seu oitavo livro. Agradou a todos e, em seis meses, esgotou-se. Em 1978 lançaria, o Mestre, sua última obra: **Macumbas e Candomblés na Umbanda**. Este livro é um registro fidedigno de vivências místicas e religiosas dos chamados Cultos Afro-brasileiros. Constitui um apanhado geral das várias unidades-terreiros, as quais refletem os graus conscienciais de seus adeptos e praticantes. Ilustrado com dezenas de fotografias explicativas, define de maneira clara e insofismável a Umbanda popular, as Macumbas, os Can-domblés de Caboclo e dá noções sobre Culto de Nação Africana, etc.

O leitor atento deve ter percebido que, durante nossos dezoito anos de convivência iniciática, e mesmo de relacionamento Pai-Filho com o Pai Matta, algumas das fases que citamos nós presenciamos *in loco...*

Conhecemo-lo quando, após ler **Umbanda de Todos Nós**, tivemos forte impulso de procurá-lo. Na ocasião morávamos em São Paulo. Fomos procurá-lo em virtude de nosso Astral casar-se profundamente com o que estava escrito naquele livro, principalmente sobre os conceitos relativos às *7 linhas, modelo de ritual* e a tão famosa *Lei de Pemba*. Assim é que nos dirigimos ao Rio de Janeiro, sem saber se o encontraríamos. Para nosso regozijo, encontramo-lo na livraria da rua 7 de Setembro.

Quando nos viu, disse que já nos aguardava, e por que havíamos demorado tanto?!

Realmente ficamos perplexo, deslumbrado... parecia que já o conhecíamos há milênios... e, **segundo Ele, conhecíamo-nos mesmo, há várias reencarnações...**

A partir desta data, mantivemos um contato estreito, freqüentando, uma vez por mês, a famosíssima *Gira de Pai Guiné* em Itacurussá — verdadeira **Terra da Cruz Sagrada**, onde *Pai Guiné* firmou suas *Raízes*, que iriam espalhar-se, difundindo-se por todo o Brasil. Mas, voltando, falemos de nosso convívio com o insigne Mestre.

Conhecer *Matta e Silva* foi realmente um privilégio, uma *dádiva dos Orixás*, que guardo como sagrado no âmago de meu Ser. Nesta hora, muitos podem estar perguntando:

— **Mas como era este tal de Matta e Silva?**

Primeiramente, **muito humano,** fazendo questão de ressaltar este fato. **Aliás, era avesso ao** *endeusamento,* **mais ainda à mitificação de sua pessoa.** Como humano, era muito sensível e de personalidade firme, acostumado que estava a enfrentar os embates da própria vida... Era inteligentíssimo!

Tinha os sentidos aguçadíssimos... mas era um profundo solitário, apesar de cercarem-no centenas de pessoas, **muitas delas, convivendo com Ele por vários anos, não o compreenderam...** Seu Espírito voava, interpenetrando e interpretando em causas o motivo das dores, sofrimentos e mazelas várias...

A todos tinha uma palavra amiga e individualizada. *Pai Matta* não tratava casos, tratava Almas... e, como tal, tinha para cada pessoa uma forma de agir, segundo o seu grau consciencial próprio!

Sua cultura era Exuberante, mas sem perder a simplicidade e originalidade. De tudo falava, era atualizadíssimo nos mínimos detalhes... Discutia ciência, política, filosofia, arte, ciências sociais, com tal naturalidade que parecia ser Mestre em cada disciplina. E era!...

Quantas e quantas vezes discutíamos medicina e eu, como médico, confesso, tinha de me curvar aos seus conceitos, simples mas avançados...

No mediunismo era portentoso... Seu pequeno *copo da vidência* parecia uma *televisão tridimensional!* Sua percepção transcendia!... Na mecânica da incorporação, era singular seu desempenho! Em conjunto simbiótico com **Pai Guiné** ou **Caboclo Juremá,** trazia-nos mensagens relevantes, edificantes e reveladoras, além de certos fenômenos mágicos, que não devemos citar...

Assim, caro leitor, centenas de vezes participamos como médium atuante da *Tenda de Umbanda Oriental*, verdadeira **Escola de Iniciação à Umbanda Esotérica de Itacurussá.**

A Tenda de Umbanda Oriental (T.U.O.) era um humilde prédio de 50 m². Sua construção, simples e pobre, era limpa — e rica em Assistência Astral. Era a verdadeira **Tenda dos Orixás**... Foi aí, nesse recinto sagrado, onde se respirava a doce Paz da Umbanda, que, em 1978, **fomos coroados como Mestre de Iniciação de 7º grau e considerado representante direto da Raiz de Pai Guiné, em São Paulo.** Antes de sermos coroado, é claro que já havíamos passado por rituais que antecedem a "Coroação Iniciática".

É necessário frisar que, desde 1969, tínhamos nossa humilde choupana de trabalhos umbandísticos, em São Paulo, onde atendíamos centenas de pessoas, muitas das quais enviadas por Pai Matta. Muitos deles, os que vieram, tornaram-se médiuns de nossa choupana, a **Ordem Iniciática do Cruzeiro Divino.**

Muitas e muitas vezes tivemos a felicidade e a oportunidade ímpares de contarmos com a presença de **Pai Matta** em nossa choupana, seja em rituais seletos ou públicos e mesmo em memoráveis e inesquecíveis palestras e cursos. Uma delas, aliás, constitui acervo do arquivo da Ordem Iniciática do Cruzeiro Divino: uma fita de videocassete em que seus "netos de Santé" fazem-lhe perguntas sobre sua vida, doutrina e mediunismo... Constam ainda de nossos arquivos centenas e centenas de fotos, tiradas em São Paulo, Rio de Janeiro e em outros e vários locais...

Para encerrar esta longa conversa com o prezado leitor, pois se continuarmos um livro de mil páginas não seria suficiente, relatemos a última vez que *Pai Matta* esteve em São Paulo, isto em dezembro de 1987.

Em novembro de 1987 estivemos em Itacurussá, pois nosso Astral já vinha nos alertando que a pesada e nobre tarefa do Velho

MISTÉRIOS E PRÁTICAS DA LEI DE UMBANDA

Mestre estava chegando ao fim... Surpreendeu-nos, quando lá chegamos, que ele nos chamou e, a sós e em tom grave, disse-nos:

– **Rivas, minha tarefa está chegando ao fim, o Pai Guiné já me avisou... Pediu-me que eu vá a São Paulo e lá, no seu terreiro, ele baixará para promover, em singelo ritual, a passagem, a transmissão do Comando Vibratório de nossa Raiz...**

Bem, caro leitor, no dia 2 de dezembro, um domingo, nosso querido Mestre chegava do Rio de Janeiro. Hospedando-se em nossa residência, assim como fazia sempre que vinha a São Paulo, pediu-nos que o levássemos a um oftalmologista de nossa confiança, já que havia se submetido sem sucesso a três cirurgias paliativas no controle do glaucoma (interessante é que desde muito cedo começou a ter estes problemas, devido a...).

Antes disso, submetemo-lo a rigoroso exame clínico cardiológico, onde diagnosticamos uma hipertensão arterial acompanhada de uma angina de peito, estável. Tratamo-lo e levamo-lo ao colega oftalmologista. Sentíamos que ele estava algo ansioso, e na ocasião **disse-nos que o Pai Guiné queria fazer o mais rápido possível o ritual**. Disse-nos também que a responsabilidade da literatura ficaria ao nosso cargo, já que lera *Umbanda — A Proto-Síntese Cósmica* e *Umbanda Luz na Eternidade*, vindo a prefaciar as duas obras. Pediu-nos que fizéssemos o que o **Sr. 7 Espadas havia nos orientado, isto é, que lançássemos primeiro** *Umbanda — A Proto-Síntese Cósmica*. Segundo Pai Matta, **este livro viria a revolucionar o meio Umbandista e os que andavam em paralelo**, mormente os ditos estudiosos das ciências esotéricas ou ocultas. Mas, para não divagarmos ainda mais, cheguemos já ao dia 7 de dezembro de 1987.

A **Ordem Iniciática do Cruzeiro Divino**, com todo seu corpo mediúnico presente, se engalanava, vibratoriamente falando, para receber nosso querido Mestre e, muito especialmente, **Pai Guiné**.

Às 20 horas em ponto adentramos o recinto sagrado de nosso *Santuário Esotérico. Pai Matta* fez pequena exortação, dizendo-se feliz de estar mais uma vez em nosso humilde terreiro, e abriu a gira.

Embora felizes, sentíamos em nosso Eu que aquela seria a última vez que, como encarnado, nosso Mestre pisaria a areia de nosso *Congá*. Bem... **Pai Guiné, ao baixar,** saudou a todos e promoveu um ritual simples mas profundamente vibrado e significativo. Num determinado instante do ritual, na apoteose do mesmo, em tom baixo, sussurrando ao nosso ouvido, disse-nos:

— Arapiaga, meu filho, sempre fostes fiel ao meu cavalo e ao Astral, mas sabeis também que a tarefa de meu cavalo não foi fácil, e a vossa também não será. Não vos deixeis impressionar por aqueles que querem usurpar e só sabem trair; lembrai-vos de que Oxalá, o Mestre dos Mestres, foi coroado com uma coroa de espinhos... Que Oxalá abençoe vossa jornada, estarei sempre convosco...

Em uma madeira de cedro, deu-nos um Ponto riscado, cravou um ponteiro e, ao beber o vinho da Taça Sagrada, disse-nos:

— Podes beber da Taça que dei ao meu Cavalo — ao beberes, seguirás o determinado... que Oxalá te abençoe sempre!

A seguir, em voz alta, transmitiu-nos o **comando mágico vibratório de nossa Raiz...**

Caro leitor, em poucas palavras, foi assim o ritual de transmissão de comando, que, com a aquiescência de **Pai Guiné, temos gravado em videocassete e em várias fotografias.**

Alguns dias após o ritual, Pai Matta mostrou-nos um documento com firma reconhecida, no qual declarava que nós *éramos* seu representante direto, em âmbito nacional e internacional (?!). Sinceramente, ficamos perplexo!...

Na ocasião não entendíamos o porquê de tal precaução, mesmo porque **queríamos e queremos ser** *apenas* **nós mesmos, ou seja, não ser sucessor de ninguém, quanto mais de nosso Mestre.**

Talvez, por circunstância Astral, ele e Pai Guiné não pudessem deixar um hiato, onde **usurpadores vários** poderiam, como **aventureiros**, aproveitar-se para destruir o que Eles haviam construído! Sa-

MISTÉRIOS E PRÁTICAS DA LEI DE UMBANDA

biam que, como sucessor do grande Mestre, eu não seria nada mais que um fiel depositário de seus mananciais doutrinários!

Quem nos conhece a fundo sabe que somos desimbuídos da tola vaidade! Podemos ter milhares de defeitos, e realmente os temos, mas a vaidade não é um deles, mormente nas *coisas do Espiritual*.

Não estaríamos em pé, durante 34 anos de lutas e batalhas, se o *Astral* não estivesse conosco... Assim, queremos deixar claro a todos que, nem ao Pai Guiné ou ao *Pai Matta*, em momento algum, solicitamos isto ou aquilo referente à nossa Iniciação e muito menos **à sua sucessão**... foi o Astral quem nos pediu (o **videocassete mostra**) e, como sempre o fizemos, a Ele obedecemos. Mas o que queremos, em verdade, é ser aquilo que sempre fomos: **nós mesmos**. **Não estamos atrás de status**; queremos servir. Queremos ajudar, como outros, a semeadura, pois quem tem um pingo de esclarecimento sabe que amanhã...

No mesmo dia, que alhures citamos, Pai Guiné pediu-nos que deixássemos em nosso Congá, por um período de sete anos após a passagem de nosso Mestre para outras dimensões da vida, os "Sinais de Pemba", as Ordens e Direitos que dera ao seu aparelho.

Após este período de sete anos, recolocássemos os **Sinais Riscados** das nossas **Ordens e Direitos** estendidas por **Velho Payé** (Urubatão da Guia) em perfeita incorporação sobre nós há mais de vinte anos. Sim, disse-nos que Ele, Pai Guiné, havia preparado o **Advento do "Velho Payé"**, detentor da Tradição Cósmica velada pela Raça Vermelha, a primeira a habitar o orbe terreno.

Nas obras de Matta e Silva Ele deixa claro que a Verdadeira Tradição estava de posse da Raça Vermelha, e, como sabemos, Pai Guiné era um dos condutores da Raça Negra, a qual vinha preparando o ressurgimento, a restauração da Síntese Perdida, que é patrimônio da Raça Vermelha (A Raça Cósmica).

Assim, após nossas elucidações, reiteramos que não somos seu sucessor. Continuamos, sim, onde parou. Transcendemos, segundo suas próprias palavras, no prefácio da obra *Umbanda — A Proto-Síntese Cósmica*.

Seguimos a Raiz de Velho Payé que afirmamos preconizar **Fundamentos Cósmicos de Umbanda**, de uma **Umbanda Universal, aplicada, vivenciada e ensinada em qualquer região do planeta, e não apenas no Brasil.**

Quanto aos outros Irmãos de Fé Iniciados que mantiveram-se ortodoxos, sectários e estacionários nos Fundamentos preconizados pelo Mestre, pouco ou nada temos a lhes dizer... Eles já escolheram o caminho... A Eles nosso profundo e sincero respeito e aceitação pelos seus graus conscienciais.

Os Fundamentos por nós atualmente seguidos são os da **Raiz de Velho Payé**, que é a **Raiz de Pai Guiné revigorada, atualizada, com Fundamentos próprios. Isto deve-se à dialética Umbandística, que como sabemos é uma marcha, um processo sem fim**.

Quando conclamamos a todos os Irmãos de Raiz para uma aproximação, para discutirmos os novos, atualizados e revigorados, Fundamentos de nossa Raiz, infelizmente, **muitos deles "encolheram-se"**. **Outros**, disseram que iriam reativar a Raiz de Guiné, que segundo os **"Filhos do Mestre"**, havia ficado parada por sete anos, aliás, então é bom corrigir-se, oito anos (?!!). Pode?!!

É óbvio que o bom senso refuta tal absurdo. É um acinte aos bons princípios da Lógica e da Luz que norteiam os Mentores Espirituais de Umbanda. Portanto, cremos, tal aberração é escatológica, destituída de qualquer sentido de sanidade e higidez mento-espiritual. Infelizmente, falta-lhe sustentação dialética... que fazer?!! Paciência, compreensão... Não podemos confundir Leis Espirituais sérias, como são as de Umbanda, com vaidades pessoais, inveja, despeito e despreparo para o diálogo calcado na lógica e na razão. Mas a todos respeitamos e achamos justo que sigam os **antigos Fundamentos,** pois para muitos serão novos.

Estamos nos pórticos do III Milênio, o milênio da Grande Confra-ternização Universal. Urge, pois, que assumamos uma posição madura e não pueril perante a Umbanda. Nós, a pedido do Astral, do próprio Pai Guiné, assumimos a nossa, que queríamos fosse de todos, mas...?!!

No final, mais uma vez queremos agradecer a honra a nós concedida pela família de Matta e Silva, enviando um fraternal Saravá à **"Senhora no Santé" Carolina Corrêa** pela sua dignidade, lucidez, profunda simpatia e carinho para com nossa pessoa.

Assim, a todos, esperamos ter ficado claro e patente do porquê as obras de W.W. da Matta e Silva terem sido reeditadas na mesma Editora para a qual escrevemos.

As obras portentosas e altamente dignificantes e esclarecedoras de Pai Matta foram a base para a nossa formação de cunho universalista. É de lamentar-se que outros tidos como **filhos do Mestre** não tenham adentrado no âmbito interno de seus ensinamentos de vida, atendo-se apenas a "Umbanda de Terreiro".

A verdadeira Umbanda preconizada por Matta e Silva transcendia o visível e sensível, penetrava no âmago, na essência, no **Templo do Eu Espiritual que hoje e sempre será cósmico.**

Com um fraternal e sincero Saravá a todos, do

RIVAS NETO
(MESTRE YAMUNISIDDHI ARAPIAGA)

INTRODUÇÃO

Depois de termos lançado (em 1956) *Umbanda de Todos Nós*, atualmente em 5ª edição, uma obra de fôlego, com 350 páginas, toda ilustrada, com dezenas de mapas explicativos e quase uma centena de clichês diversos, revelando os sinais ou símbolos mágicos, próprios da Umbanda, julgamo-nos, até certo ponto, bastante satisfeitos.

No entanto, sendo essa obra um tratado mais de caráter oculto sobre a Corrente Astral de Umbanda, aconteceu que, se contentou a "gregos", não satisfez a grande número de "troianos"; isto é, encheu de satisfação a milhares de adeptos e foi mesmo um bálsamo consolador para muitos irmãos umbandistas de cultura que, até aquela época, além de sua crença, fé ou convicção, não tinham algo de positivo, de sólido, na literatura umbandista, em que se escudar para opor aos críticos, detratores etc., dessa mesma Umbanda.

Tanto é que, pensadores umbandistas, honestos, despidos dessas tolas vaidades, dessas vãs pretensões, tão próprias aos que têm o despeito como arma para tudo, pensadores umbandistas, dizíamos, com gabarito moral e intelectual a par com firme autoridade dos que tarimbam no meio, há 15, 20, 30 e mais anos, consideraram essa obra como "a Bíblia da Umbanda". Temos dezenas e dezenas de cartas que atestam esse conceito.

Todavia, existem os outros — os "troianos" — esses que não conseguiram alcançar pelo entendimento viciado, pela cultura acanhada e muito mais por tudo que ali contraria os seus mesquinhos interesses; esses, sim, ficaram agoniados, passando até a sabotá-la, proibindo a sua leitura aos médiuns de seus templos luxuosos, além de combatê-la à socapa.

Foi bom, porque, de um modo ou de outro, chamaram mais a atenção sobre o livro do que a maior propaganda que pudéssemos ter feito.

Assim, é que, a meta que visávamos ao escrever *Umbanda de Todos Nós* — *a Lei Revelada,* foi atingida.

Mas, se ficamos satisfeitos, não paramos aí. Sempre no intuito de revelar, esclarecer, elucidar, tanto quanto possível o pensamento interno, ou seja, os Princípios, as Regras etc., dessa Corrente Astral de Umbanda, para que os adeptos, os estudiosos, os pensadores do meio (e os de fora, também) verificassem que Umbanda de verdade não é e nunca foi absolutamente isso que humanas criaturas, dentro de seus graus de entendimento ou de ignorância, concebem ou pretendem que seja a "umbanda" que praticam, aprofundamos mais ainda e surgimos com a outra obra intitulada *"Sua Eterna Doutrina",* dedicada aos que têm cultura iniciática, pois nela estão definidos os postulados da Corrente Astral de Umbanda, com seu conceito religioso, filosófico, científico e ainda entrando pelo ângulo da metafísica.

Após esse tremendo esforço, descansamos. A seguir, dadas certas circunstâncias de nossa vida, dados tremendos impactos que tivemos de sustentar, dada uma série de desilusões, de traições, de ingratidões e de incompreensões que nos assoberbaram, tudo relacionado a pessoas e coisas do meio umbandista, fomos tomados por um tal estado de saturação que pedimos uma licença ao nosso astral para nos afastar de tudo. Obtive-mo-la.

Assim, "cruzamos nossas armas" e por que não confessar: no íntimo, já tínhamos resolvido o afastamento definitivo de tudo que fosse atividade exterior, pública, sobre Umbanda e até mesmo já estávamos convencidos de que nossa pequenina mas duríssima missão, dentro do meio, estava encerrada.

De repente... lá foram chegando coisas do astral... "Preto-Velho" queria mais um livro e deu-lhe o título: *"Lições de Umbanda (e Quimbanda)* — *Na palavra de um Preto-Velho..."* urgia mais esclarecimentos, disse ele. Meses após, lançávamos essa obra mediúnica,

MISTÉRIOS E PRÁTICAS DA LEI DE UMBANDA

em forma de diálogo. Simples, altamente explicativa e com revelações inéditas.

Esse livro capacita, a quem o lê com atenção, a compreender bem o que foi e é esse Movimento de Umbanda, quer pelos seus verdadeiros aspectos, quer pelos aspectos negativos que infiltraram e que estão turvando as límpidas águas dessa sagrada corrente. *"Lições de Umbanda"*, felizmente, agradou em cheio.

Com o espírito bem sossegado por termos cumprido mais essa parte, entramos em novo descanso a par com novas observações e meditações sobre o panorama umbandista. Quanta tristeza e quão desolados ficamos no final dessas observações, feitas com toda isenção de ânimo.

Verificamos ser, absolutamente necessário, escrevermos ainda mais. Por quê? Porque, depois dessa pesquisa secreta, por tendas e cabanas, "terreiros" etc., constatamos que ainda impera muita confusão. Ignorância, mistificação, exploração e que mais nos doeu foi ver a "santa ingenuidade" da massa humana que se precipita para os tais "terreiros" que têm fachada de Umbanda e lá dentro, a boca voraz de lobo a par com o envolvimento satânico das "hienas do astral"...

E de toda essa nossa observação sensata e meticulosa, concluímos, mais uma vez, que três são os principais fatores ou os pontos vitais que servem de isca e com os quais os espertalhões atraem os ingênuos e mesmo os que, não o sendo, vão em busca de lenitivo para suas aflições ou necessidades diversas.

Isso, pelo puro aspecto da exploração, mas existe o outro — o daqueles que têm a ignorância dos simples de espírito. Analfabetos ou quase, portanto, nada estudaram, apenas viram de "terreiro a terreiro", as práticas de Umbanda e certo dia, por isso ou por aquilo resolveram abrir "terreiro", também ...

Santo Deus! É preciso que a criatura tenha percorrido mais de 600 terreiros, como nós o fazemos há mais de 25 anos e por diversos Estados ou cidades, para construir, lentamente, um escudo de paciência, tolerância e, sobretudo, de compreensão relativa a seus estados de consciência.

Porém, tolerar a ignorância não é, absolutamente, compartilhar dela. O fato é que, na maioria dos "terreiros", constatamos que a mola mestra que atrai, envolve, confunde e causa danos tremendos, é o que uns e outros vêm interpretando e praticando como mediunidade, magia... e oferenda.

Mediunidade, Magia e Oferenda que eles vêm dizendo ser Umbanda, dos "Caboclos, dos Pretos-Velhos" etc. Isso, no plano de cima — dito como Umbanda. E se olharmos para o de baixo — que chamamos de quimbanda — misericórdia! A nossa pena não pode descrever as cenas que talvez nem um Dante o fizesse.

Assim é que nos propomos a elucidar, tanto quanto nos seja possível e ordenado, o máximo de questões relacionadas com os três citados aspectos e outros mais, correlatos.

Queremos cumprir, integralmente, a nossa parte. Contribuir com o nosso copo d'água, para apagar a imensa fogueira da ignorância que, infelizmente, campeia por essas centenas e centenas de Tendas ou Terreiros, que se estão multiplicando, desordenadamente, por esse nosso Brasil, realmente, país predestinado, chamado de Pátria do Evangelho — Coração Espiritual do Mundo!

Porém, ressalvamos desde já que tudo isso que estamos afirmando não é e nem pode ser geral. Existem, também, dezenas de casas umbandistas, dignas sob todos os aspectos e dirigidas por irmãos autorizados, capazes, estudiosos, tendo bons médiuns. Mas, é claro, estão em minoria...

Assim é que, mais uma vez, nessa obra, vamos dizer algumas das coisas que podem ser e não podem ser, da verdadeira Corrente Astral de Umbanda...

Para isso, estamos escudados no sagrado direito da Verdade e de uma missão e temos, positivamente, o beneplácito de cima, para dizer o que ninguém ousou dizer até agora. Nós somos, realmente, um "porta-voz" da Corrente Astral de Umbanda e não estamos afirmando isso por mera vaidade. Os que nos conhecem bem, sabem que abominamos a vaidade e o fanatismo...

MISTÉRIOS E PRÁTICAS DA LEI DE UMBANDA   23

Podemos tombar, como tombaram outros que ousaram afrontar os tabus da mentira, da mistificação e da exploração religiosa, perfeitamente comercializada, através dos mil fetiches que espertalhões empurram na santa ingenuidade da massa; podemos tombar — dizíamos — porque nem o Cristo Jesus escapou a essa "regra"... Todavia, se cairmos, será em pé... Temos "bambeado" por vezes, pelo impacto, pelo entrechoque de tremendas lutas astrais e... humanas... Mas, e aqueles que nos atacaram por baixo e por cima e mesmo de uma maneira qualquer? Já receberam, todos, o inflexível retorno dentro da Lei... Temos certeza do que dizemos...

Tendo então verificado, como já foi dito, que esses três pontos vitais, mediunidade, magia e oferenda, são os aspectos mais confundidos, explorados — são a isca pela qual os espertalhões, os vendilhões, o vaidoso sabido e o vaidoso ignorante atrai a massa crente, essa que é maioria, composta dos verdadeiramente simples de coração, dos ingênuos pela fé cega etc., concluímos pela imperiosa necessidade de lançar mais esclarecimentos dentro do meio umbandista, visando aos dirigentes, aos Médiuns-Chefes, ou mesmo aos médiuns simples, enfim, para todo aquele que exerça um comando qualquer numa Tenda de Umbanda.

Mesmo porque, temos recebido centenas de pedidos de irmãos umbandistas, no sentido de que lancemos mais esclarecimentos, mais revelações no caminho dos seguidores da Sagrada Umbanda.

Dedicamos, portanto, a esses irmãos — *"Mistérios e Práticas da Lei de Umbanda..."* Podemos, então, agora, fazer a seguinte classificação, em 7 graus, sendo o inicial, o 1º, e o 7º o mais elevado.

Para iniciandos de 1º grau: *Mistérios e Práticas da Lei de Umbanda.*

Para iniciandos de 2º grau: *"Lições de Umbanda (e Quimbanda) – na palavra de um Preto-Velho".*

Para iniciandos de 3º grau: *"Segredos da Magia de Umbanda e Quimbanda".*

Para iniciandos de 4º grau: *"Umbanda e o Poder da Mediunidade".*

Para iniciandos de 5º e 6º graus: *"Umbanda de Todos Nós — a Lei revelada"*.

Para iniciandos de 7º grau: *"Sua Eterna Doutrina"* e *"Doutrina Secreta da Umbanda"*...

Bem... Ainda temos a dizer algo de muito importante! Tenham paciência — nós somos um veículo, um porta-voz...

Sabemos e todos os médiuns de fato também o sabem — representem eles ou não o pensamento de quaisquer Correntes Espiríticas, Espiritualistas, Religiosas, Esotéricas, Mágicas etc. — que se processa nos Céus vibrados pelo Cruzeiro do Sul, neste Brasil Coração do Mundo, realmente Pátria do Evangelho, um tremendo Movimento de Forças Espirituais...

Isso, repetimos, não é novidade nem revelação nossa. É coisa sabida. Estamos apenas repetindo para o nosso meio.

Esse tremendo Movimento de Hierarquias através de seus mentores, Guias e Mensageiros, prepara condições adequadas no astral inferior de nosso planeta, limpando, escoimando, expurgando, os elementos nocivos, ou melhor, os espíritos bestializados, dos egoístas, dos avarentos, dos viciados etc., que estão infeccionando as condições astrais e humanas neste fim de ciclo.

Porque isso se está processando neste fim de ciclo? Porque, REALMENTE, O CRISTO PLANETÁRIO vai descer, vai reencarnar-se e desta vez no BRASIL, nestas terras que estão sob a vibração do Cruzeiro do Sul...

E quem está preparando toda esta limpeza, todo este expurgo, diretamente, em uma possante ação de ampla envergadura, que envolve todos os Seres desencarnados e encarnados é a *Corrente Astral de Umbanda*...

Podemos adiantar mais o seguinte: todos os Céus que vibram sobre o Cruzeiro do Sul estão cruzados, inteiramente guardados pelos quatro pontos cardeais, por legiões de espíritos de Caboclos, Pretos-Velhos etc.

Tudo o que se pode entender como baixo astral já está cercado pela Polícia de Choque da Corrente Astral de Umbanda...

Nenhum movimento espiritual, religioso, espirítico, mediúnico etc., sério, está-se processando atualmente, por estes brasis afora, sem a escora da Corrente Astral de Umbanda...

Seja qual for a Corrente Benfeitora que esteja formada, por trás dela estão os espíritos da Corrente Astral de Umbanda, guardando-a, fiscalizando-a... Poderosas falanges de Pretos-Velhos, Caboclos etc., somente aguardam a ordem de imediata execução.

Porque, em relação direta com o Brasil, a Corrente Astral de Umbanda, uma das mais fortes integrantes do **GOVERNO OCULTO DO MUNDO**, também recebeu a incumbência de agir no sentido de preparar as ditas condições para a descida do Cristo Planetário.

Já afirmavam, há muitos anos, os nossos Pretos-Velhos: "do escurecer deste fim de tempo (deste ciclo), ao clarear do outro, Pai Oxalá vem à Terra"...

É preciso, é necessário sabermos que isto tem que acontecer.

Estamos às vésperas de tremendas agitações e reformas sociais, religiosas etc. Estamos às vésperas da fome, de epidemias e de uma convulsão vermelha, isto é, o sangue regará a terra, a ambição escurecerá ainda mais as consciências, e o egoísmo do homem cavará seu próprio túmulo...

Tal é o estado de endurecimento das consciências, que jamais se viu o rico tripudiar tanto, escorchar tanto o estômago do pobre como agora...

Jamais se viu tanta riqueza e tanta miséria... um paradoxo.

Mas oh! meus irmãos ricos e poderosos, endurecidos pelo poder do dinheiro!

Não fiquem surpresos quando receberem a "visita" de Executores do Astral, para uma queima cármica, através de inesperadas e terríveis moléstias incuráveis e desastres de toda sorte...

Porque o julgamento, a seleção – (o chamado Dia do Juízo Final) — não é coisa para o futuro, não! Já é fato consumado. Já foi feito este julgamento, esta seleção.

A par com isso tudo, esse pobre povo geme na cegueira de sua ignorância e não consegue ver o caminho da libertação. Tem que vir o desespero.

Nunca se viu valer tanto o sexo, o sensualismo, a luxúria e o dinheiro como agora. Nem nos tempos de Nero com suas bacanais...

Nunca se viu imperar tanto a magia negra para fins sexuais como agora.

Desvirtuaram tanto os puros sentimentos da mulher, que hoje em dia, ela se preocupa mais em ostentar o corpo do que com as coisas do próprio lar... e o homem passou a vê-la mais com os olhos dos instintos, do que com os olhos do coração. Infelizmente.

E é por tudo isso que surgem os médiuns, os missionários, instrutores, tudo de acordo com as condições de suas correntes afins, cada um cumprindo a sua parte, contribuindo para que as verdades sejam ditas, todos a seu modo, para que se cumpra a Lei da Evolução dos Seres.

E é ainda em relação a isso tudo, que, nós, também, estamos cumprindo a nossa parte, dizendo tudo o que já temos dito em nossas obras, doa a quem doer, custe o que custar, aconteça o que acontecer...

PRIMEIRA PARTE

*RAÍZES HISTÓRICAS, MÍTICAS E MÍSTICAS DA
UMBANDA – OS CULTOS AFRICANOS E O MUYRAKITAN,
ORIGEM DO CULTO OU ADJUNTO DA YUREMA
DOS ÍNDIOS.
FUSÃO – MISTURA – DETURPAÇÕES – CONFUSÃO.
COMO E PORQUÊ SE IMPÔS UMA NOVA CORRENTE.
QUEM SÃO OS ESPÍRITOS "DE CABOCLOS,
PRETOS-VELHOS" ETC.
CONSIDERAÇÕES SOBRE O VOCÁBULO UMBANDA.
O QUE É A UMBANDA PROPRIAMENTE DITA*

Escute, meu irmão em Cristo Jesus — o OXALÁ dessa mesma Umbanda de todos nós, que, por certo, é umbandista tanto quanto quem mais o seja: não importa que você tenha o grau de um médium-chefe (tido como chefe-de-terreiro, pai-de-santo, babá etc.), um simples médium, um Diretor de Tenda, Centro ou Cabana ou apenas um filho-de-fé! Você sabe o que é Umbanda? Sabe para você? Sabe para explicar?

Você deve saber, no seu íntimo para si, para seu entendimento, mas é possível que não saiba explicar para os outros e você tem a obrigação, o dever de saber isso direitinho...

Façamos um trato (o autor e você que está lendo), vamos recordar, da maneira mais simples possível, as coisas de Umbanda.

Comecemos por nos reportar à origem histórica, mítica e mística da Umbanda propriamente dita e para isso temos que nos aprofundar no passado de duas "raízes" — uma, é a dos cultos afros e a outra é a "raiz" ameríndia ou de nossos índios, denominada de culto ou adjunto da Jurema.

Primeiro, vamos qualificar como culto africano a todo sistema religioso que os negros trouxeram para o Brasil, que se subentende como os vários rituais de suas nações de origem, assim como o Nagô, o Kêto, o Gêge, o Angola, o Bantu etc.

Isso aconteceu, é claro, logo após o descobrimento do Brasil, quando o branco começou a descarregá-los por essas terras brasileiras, como escravos, trazidos de várias regiões da África.

Qual então o sentido religioso, mítico e místico dos africanos através de seus rituais de nação?

De um modo geral eram monoteístas, pois adoravam a um DEUS-ÚNICO, chamado, por exemplo, entre os nagôs, de **OLORUM** e entre os angolenses de **ZAMBY** ou **ZAMBIAPONGI** etc. Veneravam também a 'deuses', como emissários desse mesmo Olorum, aos quais denominavam de **ORIXÁS** (estamos exemplificando mais com a predominância nagô[1], pois foi a que dominou positivamente, quer no aspecto religioso, quer no da língua, entre as demais nações africanas aqui no Brasil, bem como foi o sistema que mais influenciou — tanto quanto o ameríndio — por dentro dessa corrente humana dita como dos adeptos dos cultos afro-brasileiros).

Os Orixás, para os africanos, eram (e são ainda) considerados como os senhores de certas **FORÇAS ELEMENTAIS** ou dos Elementos da Natureza.

Assim é que ergueram um vasto Panteão de deuses.

Eis a discriminação simples desses Orixás, com seus respectivos atributos, para que os irmãos umbandistas tenham a noção clara da questão, a fim de, quando chegar a vez, possa discernir com facilidade o que é a Umbanda propriamente dita.

---

[1] Repetimos: foi, positivamente, estudado, reconhecido, constatado que, desde o princípio da escravidão no Brasil, foram os Nagôs que dominaram o aspecto religioso, lingüístico etc., entre as outras nações negras, especialmente — como escreveu Nina Rodrigues – "na Bahia, os Nagôs assumiram a direção das colônias negras, impuseram-lhes a sua língua e as suas crenças etc.". Citar mais deuses de outros cultos é criar confusão.

OS ORIXÁS OU "DEUSES" VENERADOS
(concepção dos nagôs)

OBATALÁ — O filho de **OLORUM**. O pai da humanidade (da nossa, é claro). UM **ORIXALÁ**, isto é, aquele que está acima dos Orixás, é um grande deus.

Posteriormente, ou seja, aqui no Brasil, recebeu a designação de **OXALÁ** (termo que é uma contração do outro). Obs.: Já pela influência ou pressão do clero, foi "identificado" com o SENHOR DO BONFIM, da Bahia, o mesmo que **JESUS**. Isso foi o começo do chamado sincretismo ou similitude.

XANGÔ — Deus do Trovão, do Raio, ou seja, do fogo celeste. Dentro do sincretismo passou a ser assimilado a S. Jerônimo da Igreja.

OGUM — Deus do Ferro, da Guerra, das Demandas. Dentro do sincretismo passou a ser assimilado, ora a Santo Antônio (na Bahia), ora a S. Jorge, em outros Estados.

OXOSSI — Deus da Caça, dos Vegetais etc. Dentro do sincretismo, passou a ser assimilado a S. Sebastião da Igreja.

YEMANJÁ — Deusa das ÁGUAS. Dentro do sincretismo, passou a ser assimilada à Nossa Senhora da Conceição, da Igreja[2].

IFÁ — O mensageiro dos "deuses". O oráculo dos Orixás. O Adivinhador.

DADÁ — Deusa dos Vegetais.

OLOKUM — Deus do Mar.

OKÔ — Deus da Agricultura.

OLOCHÁ — Deusa dos Lagos.

OBÁ — Deusa do Rio Obá.

---

[2] Segundo uma lenda corrente entre os nagôs, dos **seios** de Yemanjá a dona das águas ——**nasceram** dois rios extensos, enormes, que se uniram, formando uma monstruosa lagoa. Do ventre dessa lagoa, nasceram todos esses Orixás, isto é, menos Obatalá, Ifá e Ibeji, que têm outras **lendas**, outros conceitos etc.

AGÊ-CHALAGÁ — Deus da Saúde.

OIÁ — Deusa do Rio Níger.

CHAPANÃ — Deus da varíola, da peste etc.

OKÊ — Deus das Montanhas.

AGÊ-CHALUGÁ (com outro atributo), AJÁ ou Aroni, **OXANBY** ou Oxanin – os deuses da medicina – os que podiam curar etc.

Bem, meu irmão umbandista, por aí você já pode ir começando a analisar os aspectos dessa "raiz" e mesmo o porquê de somente cinco desses Orixás ou desses termos representativos de Forças ou Potências, milenários, tradicionais, remotíssimos, terem sidos conservados no conceito interno, oculto, ou melhor, de adaptação oculta do astral, por dentro da Lei de Umbanda, quando chegarmos à questão das verdadeiras Linhas ou das Sete Vibrações Originais dessa Lei.

Assim é que, em seus rituais de nação — estamos exemplificando sempre com de nagô — tocavam o adarrum, espécie de toque especial de atabaques, para chamar os seus Orixás. Esses atabaques eram preparados cuidadosamente, dentro de certo segredo, tudo envolvendo cânticos, ervas e certa fase da lua e tinham a denominação de **RUM** (que era o maior), **RUMPI** (que era o de tamanho médio) e o menor dos três, **LÉ**. Esse toque especial com esses três atabaques era para que se desse o transe (o animismo fetichista — de Nina Rodrigues) mediúnico, quer no Babalorixá, quer numa filha ou filho-de-santo. Tudo isso era acompanhado de danças expressivas (apropriadas a cada Orixá), palmas, cânticos, ditos também, como pontos etc.

E era sempre assim, dentro de um ritual rotineiro, que o Babalorixá ou o Babá — depois chamado de "pai-de-santo" e a Ialorixá, também chamada de "mãe-de-santo" ou o mesmo uma Iaô, o mesmo que iniciada ou "filha-de-santo" etc., podiam ficar possuídos pelo seu "orixá"...

Todavia, se qualquer um desses "caísse com o santo" (o mesmo que se entender como ficar mediunizado) ou com o seu "orixá", to-

MISTÉRIOS E PRÁTICAS DA LEI DE UMBANDA 31

dos sabiam que não era o Orixá ancestral — o deus Xangô, Ogum, Oxossi etc. Era um enviado do Orixá, porém representava a sua força.

Quer o Orixá, que para eles era (e é) um ser-espiritual altamente situado perante Olorum ou Deus, quer o seu enviado (o Orixá intermediário) que, para eles, também era um espírito muito elevado, nunca tinham encarnado, isto é, jamais haviam passado pela condição humana.

Todo esse ritual, com suas evocações, suas práticas, era (e ainda deve ser) quase sempre acompanhado de oferendas simples ou especiais — chamada depois de "comida-de-santo" — tudo de acordo com a ocasião da festa ou da cerimônia que se fizesse necessário. Também era comum, antes de iniciar o ritual propriamente dito, fazer um ebó, espécie de despacho, que envolvia, desde o sacrifício de animais até o seu aspecto mais simples, com pipocas e outras coisas.

Então cremos ter ficado bem claro, nessas linhas gerais, que os africanos trouxeram suas concepções bem definidas, com seus deuses, seus rituais, suas práticas e, especialmente, todo um sistema de oferendas aos Orixás, que envolviam elementos materiais, inclusive o sacrifício de animais, com sangue etc. (essa questão de oferendas ou "comida-de-santo" será analisada e esclarecida na parte que trata de magia e oferendas).

Agora, meus irmãos umbandistas — especialmente a você que se diz ou é Babá, Tata ou médium-chefe, cremos que já chegou ao seguinte entendimento: No culto africano puro, em seus ritos, só evocavam Orixás ou seja, os espíritos enviados deles, que (estavam convencidos disso) nunca tinham encarnado, porque, aos espíritos ditos como **EGUNS** (ou egungum), eles repeliam, ou melhor, não eram aceitos de forma alguma. Como **EGUNS** (guarde bem isso), consideravam ou qualificavam a todos os espíritos de seus antepassados, as almas dos mortos, enfim, a todos que já tinham sofrido o processo da encarnação.

PORTANTO, OS ESPÍRITOS DE CABOCLOS, PRETOS-VELHOS, CRIANÇAS ETC., SERIAM REPELIDOS, PORQUE

ERAM EGUNS. Todos esses são "espíritos-velhos" porque já encarnaram dezenas, centenas de vezes.

E para que os "fundamentos" dessa "raiz" fiquem bastante reavivados na mente de todo umbandista, vamos repisar o seguinte:

Babalorixá — espécie de sacerdote do culto nagô. Interpretação dada: "pai-de-santo" — o "chefe-do-candomblé".

Babá — diminutivo do termo Babalorixá, que tanto pode designar o homem como a mulher, secerdote ou sacerdotisa. Interpretação: "pai ou mãe-de-santo".

Babalaô ou **Babalawô** — espécie de adivinho ou sacerdote do culto de Ifá.

Ialorixá — espécie de sacerdotisa. Interpretação dada: "mãe-de-santo" — a "dona do candomblé".

Iaô ou **Yawô** — espécie de iniciada. Interpretação dada: "filha-de-santo".

Ogan — espécie de protetor do candomblé, que fornecia os meios financeiros para as festas etc. Era escolhido pelo Babá e confirmado pelo "orixá".

Ogan de atabaque — a pessoa que conhecia os segredos dos toques para os Orixás.

Cambondo — dito como cambono, espécie de tocador de atabaque nos candomblés de angola (depois, em conseqüência das deturpações, passou a ser qualificado, nos "terreiros", como auxiliar dos protetores, isto é, aqueles que se ocupam de servir às pessoas mediunizadas).

Candomblé — o local onde se faz o "terreiro". Onde se processam os ditos ou as cerimônias.

Candomblé de Caboclo — ritual onde predomina as evocações para os encantados — o mesmo que os Caboclos.

Ilu — atabaque de um modo geral.

Matança — sacrifício de animais para os Orixás e para Exu também.

MISTÉRIOS E PRÁTICAS DA LEI DE UMBANDA 33

Peji — o altar ou o santuário dos candomblés, dito, também, como "Congá".

E ainda, para a necessária diferenciação:

Padrinho — diz-se, também, como "pai-de-santo", no "candomblé de Caboclo".

Como padrinho ou compadres também tratam aos Exus, quando no "reino".

Tata ou **Tata de inkice** — interpreta-se também como "pai-de-santo" (Congo e Angola).

Mamêto de inkice — interpreta-se também como "mãe-de-santo" (Congo e Angola).

Encantado — interpreta-se também como Orixá, no "candomblé de Caboclo" e no "catimbó" como os espíritos "protetores", chamados de "mestres" etc.

Tendo reavivado esses significados, em linhas gerais e sintéticas, deixamos de lado, agora, essa "raiz afro" e vamos ao encontro do que é, genuinamente, nosso, bem brasileiro — a "raiz" ameríndia ou de nossos índios, o "adjunto da Jurema"... para que, depois, possamos encontrar a verdadeira Umbanda.

Então, vamos recordar, também, de uma maneira simples, em linhas gerais, honestamente, sem certas deturpações que nossa história "acolheu" das crônicas dos Jesuítas e outros (interessados em deturpar ou confundir aquilo que encontraram em matéria religiosa, na mística ou na tradição de nossos aborígenes, particularmente dos tupynambá, dos tupy-guarany), que pretenderam catequizar os negros e os nossos índios daquela época.

Saibam vocês, meus irmãos umbandistas, brasileiros ou não, que os nossos **ÍNDIOS**, especialmente os **TUPY-NAMBÁ, TUPY-GUARANY** etc., pelas alturas do ano de 1500, **NÃO ERAM TRIBOS OU UM POVO PRIMITIVO QUE ESTIVESSE NA INFÂNCIA DE SUA EVOLUÇÃO.** *Quem supôs isso, foram os brancos* conquistadores.

Não tiveram capacidade para verificar que, em vez de ser um povo primitivo, era, sim, um **POVO** ou uma raça tão antiga, que se perdia por dentro dos milhões de anos a sua origem... Também, eles — os portugueses que aportaram com Cabral e mesmo, posteriormente, nas terras dos brasis, não vieram para estudar a antigüidade, a cultura, a civilização etc., de nossos aborígenes...

Os Tupy-nambá, os Tupy-guarany, como ficou constatado muito depois, por inúmeras autoridades e estudiosos pesquisadores, era um povo que estava em franca decadência, isto é, no último ciclo de sua involução...

Para que você, meu irmão umbandista, entenda isso, de maneira simples, atente a essa verdade: é "ponto fechado", são fatos históricos, são verdades ocultas ou são dos ensinamentos esótericos que, toda Raça surge, faz sub-raças, evolui sob todos os aspectos e, depois, entra em decadência, para dar lugar a outra nova Raça.

É preciso que compreendamos essa questão de decadência das raças. O que tem acontecido é o fenômeno das "migrações espirituais" ou seja: os espíritos vão deixando gradativamente de encarnar numa raça, ou melhor, na última sub-raça, para irem animar novas condições, em novos movimentos de novas correntes reencarnatórias, para se constituírem em nova Raça. Assim, o que os espíritos abandonam, obedecendo as diretrizes de uma Lei Cármica, Superior — são os caracteres físicos de uma raça e sua espécie vai diminuindo, diminuindo, por falta do dinamismo das reencarnações, até se extinguir ou na melhor das hipóteses, conserva os remanescentes atrasados, porque os outros, a maioria, os mais adiantados não voltam mais.

Portanto, a humanidade, obedecendo à Lei dos Ciclos e dos Ritmos, evolui constantemente, porém através de várias Raças. Algumas dessas Raças já nos precederam e passaram por duas fases: uma, ascendente e de progresso e outra, descendente ou de decadência.

Foi, dentro desse critério, desse conceito, dessa verdade, que a antiga tradição de todos os povos atesta a passagem pela face da terra de Raças assim qualificadas: 1ª a Raça pré-Adâmica; 2ª a Raça

MISTÉRIOS E PRÁTICAS DA LEI DE UMBANDA   35

Adâmica; 3ª a Raça Lemuriana; 4ª a Raça Atlanteana; 5ª a Raça Ariana, que é a nossa, a atual, no início de sua Quinta Ronda Cármica etc.

Porque 7 são as Raças-raiz, 7 são as Rondas Cármicas, 7 são os ciclos evolutivos, pelos quais, terá de passar toda a Humanidade. Portanto, já passou por 4 dessas condições e está na 5ª; falta ainda passar por mais 2 Raças, 2 Rondas e 2 Ciclos, que virão no futuro, daqui a milhões e milhões de anos.

Foram diversos os fatores ou as causas que contribuíram para a decadência e conseqüente desaparecimento dessas Raças pré-histórias, com suas civilizações: causas psíquicas ou morais, físicas, cósmicas (cataclismos), biológicas, mesológicas etc.

As suas civilizações — todos os documentos, todos os códigos, todos os ensinamentos da antiga tradição o atestam — foram adiantadíssimas, sob todos os aspectos.

Foi, portanto, um povo, os Tupy-nambá, os Tupy-guarany etc. — já na última fase de acentuada decadência da raça, ou seja, dentro das condições citadas, porém ainda com os vestígios positivos de uma avançada civilização que os portugueses encontraram no Brasil do ano de 1500...

O povo dos Tupy-nambá, dos Tupy-guarany, da era pré-cabraliana era tão adiantado, tão civilizado, quanto os outros povos que habitaram a América do Sul — na época deles — assim como os Maias, os Quíchuas etc.

Suas concepções, sua mística, enfim, sua Teogonia, era de grande pureza e elevação, somente alcançada, pelos que já vinham dentro de uma velhíssima maturação espiritual.

E a prova insofismável disso era a sua língua — o Nheengatu, o idioma sagrado, a língua boa, incontestavelmente um idioma **polissilábico.**

O Nheengatu — o idioma sagrado dos Tupy-nambá, dos Tupy-guarany — revela claramente, em sua morfologia, em seus fonemas, no seu estilo metafórico etc., ter sido uma língua raiz, polida, **trabalhada através de milênios**. Foi tão bem trabalhada essa língua polissilábica, que se presta às mais elevadas variações ou interpretações poéticas. Dela derivaram diversos idiomas, também considerados antiqüíssimos.

Vamos, então, verificar por dentro de sua teogonia a pureza de suas concepções sobre as coisas divinas etc., pois os tupy-nambá, os tupy-guarany eram, sobretudo, um **povo monoteísta**.

Acreditavam, adoravam a um Deus-Supremo sobre todas as coisas, a quem chamavam com muita veneração de **TUPAN**.

TUPAN ou **TUPÃ** — de *tu*, que significa ruído, estrondo, barulho e *pan,* que significa ou exprime o som, o estrondo, o ruído feito por **alguém** que bate, que trabalha, que **malha** etc.

TUPAN era, portanto, o Supremo Manipulador, isto é, **Aquele que manipula a natureza ou os elementos**. É o divino Ferreiro que bate incessantemente na **Bigorna Cósmica**. Era considerado, sem dúvida alguma, o Supremo Poder Criador.

Veneravam a **GUARACY**, **YACY** e **RUDÁ** (ou Perudá), como a tríplice manifestação do poder de Tupan. Eram atributos externos.

GUARACY — o **SOL** — de **Guará,** vivente e **cy**, mãe. Davam essa dupla interpretação: Pai ou mãe dos viventes no sentido correto de que o Sol era — e é — o princípio vital que animava todas as coisas da natureza, o mesmo que a luz que criava a vida animal, etc. **Guaracy** era, sem dúvida, a representação visível, física, do Poder Criador que, através dele, criava nos elementos da própria natureza, as coisas, os seres etc. Enfim, era o elemento ígneo — o pai da natureza.

Por isso, diziam, dele, Guaracy, saía tatauy, as flechas de fogo de Tupan, os raios do céu que se transformavam em tupacynynga, o trovão. Por causa disso é que certos interpretadores "ligeiros" deram Tupan como sendo, puramente, o "deus do trovão"...

MISTÉRIOS E PRÁTICAS DA LEI DE UMBANDA   37

YACY — a **LUA** — de **Ya**, planta e **cy**, mãe ou progenitora: era a mãe dos vegetais ou ainda a **mãe natura**.

RUDÁ ou **PERUDÁ** — o deus ou divindade que presidia ao AMOR, à reprodução. Rudá era evocado pelas cunhãs (mulheres), em suas saudades, em seus amores, pelos guerreiros ausentes, para que eles só tivessem pensamentos e coração para recordá-las.

E para reafimar esse tríplice conceito teogônico, os **payé** (sacerdotes) ensinavam mais que, **Guaracy** representava o Eterno masculino, o princípio vital positivo quente de todas as coisas. E **Rudá** era o intermediário, isto é, o amor que unia os dois princípios na "criação da natureza"...

Acreditavam mais em **MUYRAKITAN**, ou **MURAYKÍTAN**, termo oriundo de uma língua matriz, de tal antiguidade, que *"somente Tupan era quem podia tê-la ensinado à raça mais antiga de toda a Terra"*. Essa língua era o ABANHENGA, que surgiu com a primeira raça que nasceu na região de brazilian[3], conforme reza o **TUYABAÉ -CUAÁ** — a Sabedoria dos Velhos Payé (do que falaremos adiante).

MUYRAKITAN ou **MURAYKITAN** se decompõe assim: de **mura,** mar, água; **yara,** senhora, deusa, e **kitan,** botão de flor. Portanto, pode ser interpretado corretamente assim: *"Deusa que floriu das águas, Senhora que nasceu do mar, Deusa ou Senhora do mar".*

---

[3] Não pretendemos, nesta singela obra, nos estender, com estudos ou provas, sobre a antiguidade do Brasil – e das Américas – os **brasis, o brazilian** dos primitivos **morubixabas**. Todavia, os que quiserem ver como a História do Brasil – e da América — está "incerta", adulterada, podem recorrer às obras de reconhecidas autoridades, cientistas internacionais, assim como: Lund, Ameghino, Pedberg, Gerber, Hartt, H. Girgois, etc., bem como nas obras de Alfredo Brandão, Domingos Magarinos e outr~s. Através de toda essa literatura, científica, histórica etc., se comprova que: a primeira região a emergir do **pélago universal** – das águas oceânicas – foi o Brasil; que o homem surgiu na **era terciária** – e não na era quaternária, como é de ensino clássico – aqui no Brasil; que a escrita mais antiga de toda a humanidade tem sua origem na primeira raça que surgiu na primeira região do planeta Terra, que adquiriu as condições climatéricas para isso – o Brasil, isto é, o seu planalto central...

Veneravam muito esta Divindade, a quem prestavam um culto todo especial. Acreditavam em seus poderes mágicos e terapêuticos, através de seu **itaobymbaé** — espécie de argila de cor verde, uma substância nativa, colhida no fundo de certos lagos, a qual transformavam num poderoso amuleto, que adquiria a forma de um disco.

Os **itaobymbaé** só podiam ser colhidos e preparados pelas **ikannyabas** (as cunhãtay ou moças virgens que eram votadas, desde a infância, como **sacerdotisas** do culto de **MUYRAKITAN**, o qual era vedado aos homens. Posteriormente, isto é, no período da decadência, se transformou no **culto de Yuremá**, dito na adaptação do elemento branco como o adjunto da Jurema).

Essas sacerdotisas eram as únicas criaturas entre os **tupy-guarany** que podiam preparar este **talismã** e o faziam assim: esperavam sempre que **YACY**, a lua, estivesse cheia, estendendo a sua luz sobre a placidez das águas do lago escolhido pelas **ikannyabas**, que, dentro de uma severa preparação ritualística e mágica, para ele se dirigiam. Esse preceito implicava na passagem pela árvore da **YUREMÁ** verdadeira, onde invocavam ou imantavam os fluídos magnéticos da lua, através de cânticos e palavras especiais sobre determinado número de folhas, para serem mastigadas por elas, na ocasião de mergulharem no lago.

Assim, enquanto algumas dessas ikannyabas mergulhavam, as outras ficavam cantando certas melopéias rítmicas acompanhadas do termo mágico **ma-ca-uam**. Quando uma ou outra emergia com a **substância maleável** — a argila verde — as outras colocavam-na em pequeninas formas, já com formato de um **disco**, com um orifício no centro.

Depois de recolhida a quantidade necessária, todas ficavam à beira das águas em cerimônia especial, uma espécie de encantação mágica, toda dedicada às forças das águas — a **Muyrakitan**, até que **Guaracy**, o Sol, começasse a **nascer**, a fim de endurecer com seus raios de luz a dita substância, para ficar como o **itaobymbaé**. Esses talismãs tomavam uma consistência tão rija, que nada mais poderia ser feito ou talhado sobre eles.

MISTÉRIOS E PRÁTICAS DA LEI DE UMBANDA 39

Esses amuletos de Muyrakitan eram verdes, verdes-claros e os mais preciosos eram os de cor branca. Todos eram de uso exclusivamente feminino e usados na orelha esquerda das **cunhãs** ou mulheres.

O seu equivalente para os homens era o **TEMBETÁ**, um talismã de nefrita verde, em forma de T, que os índios traziam pendente no lábio inferior, através de uma perfuração.

TEMBETÁ, que se originou de Tembaeitá, de Tê ou T, o signo divino (gravado nas pedras sagradas) da cruz (de curuçá); de **mbaé**, objeto, e de **itá**, pedra. Pode ser interpretado corretamente assim: cruz feita de pedra (em sentido sagrado).

O tembetá era um talismã de Guaracy — o Sol — preparado pelos **payé** ou pelos **karayba**, para que **imantasse** o raio, o fogo do céu, enfim, a energia solar. Era o símbolo mágico do "deus-sol". Também preparavam outros amuletos que tomavam a designação de **Itapos-sangas**, inclusive os que eram feitos ou recebiam a força de YARA — mãe d'água.

A **muyrakitan** ou o **itaobymbaé** e o **tembetá** juntos representavam a força mágica de TUPAN — O Deus ÚNICO.

Agora, meu irmão umbandista, você já deve estar entendendo melhor a questão da "raiz" Ameríndia ou de nossos índios. Mas vamos prosseguir, vamos ver o que significava, entre os tupy-nambá e os tupy-guarany, daquele glorioso passado o **TUYABAÉ-CUAÁ...**

Tuyabaé-cuaá — a sabedoria dos velhos payé, era precisamente a tradição mais oculta, conservada através de milênios, de payé a payé, ou seja, de mestre a mestre, de mago a mago, a qual conjugava todos os conhecimentos mágicos, terapêuticos (o caa-yari), fenomênicos, espiríticos, ritualísticos, religiosos etc.

Essa tradição, esses ensinamentos, essas práticas mágicas, terapêuticas, o mistério das plantas na cura, a interpretação misteriosa sobre as aves, tudo isso era **tuyabaé-cuaá**.

O **PAYÉ** era justamente o mago mais elevado, dentro da tribo. Conhecia a magia a fundo, praticava a sugestão, o magnetismo, o hipnotismo e, sobretudo era mestre no uso dos mantras[4]. O **Karayba** não tinha a categoria de um **payé**; era tratado mais como feiticeiro, isto é, aquele que se dava às práticas de fundo negro etc. Posteriormente, confundiram um com o outro.

Todo movimento espiritual, mágico ou de fenômenos astrais que pudesse afetar a vida da tribo era coordenado pelo payé, que influenciava diretamente o **morubixaba**, que, como chefe da tribo, praticamente nada fazia sem consultar o payé, que por sua vez também ouvia os anciãos.

Esses **velhos magos da sabedoria** — os pajés, como se grafou depois — conheciam o mito solar, ou melhor, os Mistérios Solares (simbolizados no Cristo Cósmico), ou seja, a **lei do verbo Divino**, tanto é que jamais se apagou nos ensinamentos de tuyabaé-cuaá o que a tradição remotíssima de seus antepassados havia legado sobre **YURU-PITÃ, SUMAN** e **YURUPARY** e exemplificavam tudo, revelando o mistério ou o sentido oculto da flor do **mborucayá** (o maracujá), a par com a interpretação que davam a **curuça** — a cruz.

Dentro da tradição, se recordava que, num passado tão longínquo quanto as estrelas que estão no céu, surgiu, no seio da raça **tupy,** iluminada pelo "deus-sol" uma **criança loira**, que disse ter sido enviada por **Tupan**. Falava de coisas maravilhosas e ensinava outras tantas. Recebeu o nome de **YUPITAN**.

Assim, cresceu um pouco entre eles e um belo dia, também iluminada pelo sol, desapareceu. Porém, antes disso, disse que noutra época viria **SUMAN** e depois **YURUPARY**. Realmente o termo **Yupitan** tem um significado profundo.

---

[4] É interessante verificarmos que, hoje em dia, nenhuma Escola conhece mais o **segredo dos mantras**. Apenas, dentro dos mais altos graus, ensinam certas vocalizações com as vogais — uma coisa infantil — doutrinando que "mantras são vocalizações especiais que se imprimem às palavras, num cântico"... Isso não resolve nada, em matéria de magia, na movimentação da força dos **elementais**. Aprendemos, nós, dos "Caboclos" que mantras são vocalizações especiais que se imprimem sobre **certos termos, isto é, sobre palavras especiais.**

MISTÉRIOS E PRÁTICAS DA LEI DE UMBANDA

YUPITAN — de *yu*, loiro, doirado, e *pitan*, criança, menino, significava, na antiqüíssima língua matriz, o **abanhenga**, criança ou menino loiro iluminado pelo sol. Davam-lhe também o nome de **ARAPITÃ** — de *ara*, luz, esplendor, e *pitã*, criança etc., e significava o **filho iluminado de Aracy**, de *Ara*, luz, e *cy*, mãe ou progenitora, origem etc.

Depois, muito depois (reza a tradição) de terem passado algumas gerações, vindo do **lado do oriente**, apareceu um velho de **barbas brancas**, entre os tupy-nambá, dizendo-se chamar SUMAN (ou SUMÉ), que passou a ensinar a lei Divina e muitas coisas mais, de grande utilidade. Ele dizia, também, que foi Tupan que o tinha mandado. SUMAN também, certo dia, se despediu de todos e pôs-se a caminhar para o lado do Oriente até desaparecer, deixando entre os **payé** todo o segredo de **tuyabaé-cuaá** e assim ficou lembrado como o "pai da sabedoria"... Entre os **tupis-guaranis**, também foi constatada a tradição viva, positiva, sobre YURUPARY — o seu Messias (possivelmente, uma das encarnações do Cristo Planetário).

Yurupary — de *yuru*, pescoço, colo, garganta ou boca, e *pary*, fechado, apertado, tapado, significa o **mártir**, o torturado, o sofredor, o agonizante. YURUPARY, na teogonia ameríngena, foi o **filho da virgem Chiúcy**, de *Chiú*, pranto, e *cy*, mãe, **a mãe do pranto**, uma **máter dolorosa** que viu seu filho querido ser sacrificado porque pregava (tal e qual JESUS) o amor, a renúncia, a igualdade e a caridade.

YURUPARY foi, portanto, entre os tupy-guaranis, um MESSIAS e não o que os jesuítas daqueles tempos interpretaram — o "diabo"[5]. Tanto é que se perde no passado de sua remotíssima tradição

---

[5] Tal e qual fez com os africanos, a Igreja também quis fazer assimilações entre os nossos índios com seus "santos". Os jesuítas fizeram uma tremenda força, para "identificar" Suman ou Sumé com o "Santo Thomé ou Tomé", deles. Mas não "pegou" de jeito algum... Sobre a Tradição de Yurupary, o Cel. Sousa Brasil no tomo 100 do vol. 154 da Revista do Instituto Histórico – 2ª, 1926, dá testemunho irrefutável dessa **venerada tradição** que ainda encontrou entre os nossos índios.

esse tema de um Messias, da cruz e de seu martírio. Por isso é que veneravam a **Curuçá** — a cruz — de *curu,* fragmento de pau ou de pedra e *çá,* gritar ou produzir qualquer som estridente. *Curuçá* em sentido místico, significa **cruz sagrada**, porque recebeu o sofrimento, o grito do agonizante ou a agonia do mártir. Em certas cerimônias, os payé, depois de produzirem o fogo atritando **dois pedaços de pau,** os cruzava (para formar uma cruz) para simbolizar o Poder Criador — o FOGO SAGRADO...

E foi por causa disso, desse conceito, desse conhecimento, que eles — os índios — receberam com alegria, como amigos, como irmãos, aos portugueses de Cabral, porque **nas velas de suas naus estava desenhada uma espécie de cruz.** Pensaram que — segundo uma antiga profecia — eles vinham para ajudá-los... e como se enganaram...

Mas, voltemos a falar sobre os conhecimentos dos **payé**. Como já dissemos, eram tão profundos os conhecimentos desses magos, tinham conservado tão bem dentro da tradição a **sabedoria do Sumé,** que quando queriam simbolizar para os **mborubixabas**, para os guerreiros, para as cunhãs etc., a "divina revelação da natureza", isto é, **a eterna verdade sobre Aquele enviado de Tupã**, que vinha sempre, desde o **princípio da raça** e que entre eles veio como Yurupary, exemplificavam este mistério, tomando de uma **flor de mborucayá**...

Mborucayá (ou maracuyá — maracujá, a *passiflora coerulea*) revela em sua flor a **coisa sagrada**; ela obedece Guaracy — o Sol — que é filho de Tupã. Quando ele nasce, ela vive, se abre e mostra seus mistérios e quando Guaracy morre (se esconde, no ocaso), ela se **enluta**, se fecha (é a questão que a ciência denomina de Heliotropismo ou tropismo — pelo Sol).

Vejam (continuavam dizendo), a flor do maracuyá guarda a paixão, o martírio de Yurupary; ela tem os cravos, a coroa, os açoites, a coluna e as chagas... E assim, reavivava na lembrança todos os conselhos de seu Messias, de seu reformador — o filho da virgem Chiúcy (o próprio termo **mborucayá** diz tudo em seu significado:

mboru que significa tortura, sofrimento, martírio e **cuyá** o mesmo que cunhã, mulher. Então temos: martírio da mulher).

Assim eram os payé daqueles tempos. Conhecedores da magia, praticavam também todas as modalidades mediúnicas. E eram mais seguros — sabiam o que faziam e porquê — do que os "pretensos" pais-de-santos ou os tais "médiuns chefes" de hoje em dia...

Tomavam precauções especiais sobre os médiuns e "quando queriam que as mulheres que tinham um dom, profetizassem, isto é, caíssem em transe mediúnico, primeiro envolviam-nas no mistério do **caatimbó** ou **timbó**, isto é, nas defumações especiais de plantas escolhidas, depois emitiam um mantran próprio para as exteriorizações do corpo astral — o termo **ma-ca-uam**, dentro de vocalizações especiais e rítmicas. Logo, aplicavam sobre suas frontes o **mbaracá**. Elas caíam como mortas, eles diziam palavras misteriosas e elas se levantavam, passando a profetizar com os **Rá-anga** — os espíritos de luz...

Mas o que era o Mbaracá? o Mbacará ou maracá era um instrumento que produzia ruídos ou sons especiais. Ele falava, respondia, sob a ação mágica dos payé. Enfim, era um instrumento dotado de um poder magnético e era, positivamente, um canal mediúnico[6].

Jamais explicaram ao branco, como procediam para comunicar esses poderes aos mbaracá, em suas cerimônias de bênção, batismo, e imantação...

---

[6] Afirmamos que era um instrumento de poder magnético, poque tinha o seu preparo feito sob as forças da **magia dos astros**. O **mbaracá**, em si, era uma espécie de chocalho, manipulado do fruto conhecido como cabaceira — a cucurbita lagenaria — e dentro desse fruto (dessa cabaça) eram colocadas certas pedrinhas ou seixos. Essas pedrinhas eram amuletos ou itapossangas especiais, inclusive o talismã de muyrakitan (o itaobymbaé), bem como o **Tembetá**. Tanto empregavam esse mbaracá para os efeitos mágicos, como para os fenomênicos ou da mediunidade, para fins hipnóticos, isto é, para ativar o ardor dos guerreiros, no combate...

Testemunhou essas cerimônias e esses poderes, **Sans Standen**, um alemão que foi aprisionado pelos tupy-nambá, durante muitos anos e que pôde assistir a esses fenômenos produzidos pelos payé.

Uma outra testemunha insuspeita também presenciou os poderes mágicos de um **karayba** e esse foi o padre **Simão De Vasconcelos**, que relata no livro II das **Chrónicas da Companhia de Jesus do Estado do Brasil** o caso da **clava sangrenta**. Disse ele: "um tal **carahyba** fixou duas forquilhas no chão, a elas amarrou uma clava enfeitada de diversas penas e depois andou-lhes em torno, dançando e gesticulando num cerimonial estranho, soprando e dizendo-lhes frases. Logo depois desse cerimonial, a clava desprendeu-se dos laços e foi levada pelos ares até desaparecer no horizonte, voltando depois, pelo mesmo caminho, à vista de todos, visando a colocar-se entre as forquilhas, notando-se que estava cheia de sangue".

Isso no terreno da magia. Na terapêutica eram mestres na arte de curar qualquer doença — muitas das quais, até o momento a medicina oficial tem considerado incuráveis — pelo emprego das plantas, ervas ou raízes. Ao segredo mágico e astral de preparar as plantas curativas, denominavam de **caa-yary**.

Caa-yary também era o **espírito protetor das plantas medicinais** e aquele que se voltava a ele, na arte de curar, não podia nem ter relações com mulher, tal o formidável compromisso que assumia.

Quando o branco ambicioso quis saber o segredo do caa-yary, os payé, os karayba, diziam que eram o avô da erva — o mate, para despistá-lo.

Os payé (convém repisarmos) faziam constantemente uma espécie de sessão para fins mediúnicos, ou seja, para evocarem **Rá-Anga** — os espíritos de luz — a qual denominavam de **GUAYÚ**, que se processava sob cânticos e danças rítmicas (completamente diferentes dessas batucadas que brancos civilizados que se dizem "babás e tatas" fazem, hoje em dia).

Antes desse ritual mediúnico, tinham um particular cuidado no preparo dos **timbó** a serem usados, isto é, faziam os defumadores propiciatórios para afastar **ANHANGÁ**, que era o espírito das almas penadas, atrasadas etc., era, enfim, "mal comparando" o mesmo que o "diabo" dos católicos e o Exu-pagão da **quimbanda**.

Essa cerimônia ou ritual dito Guayú era sempre feita, para tirar guayupiá — a feitiçaria, de alguém...

Bem, meu irmão umbandista, cremos já ser o suficiente o que acabamos de recordar sobre a "raiz" ameríndia. Pelo que você acabou de ler, deve ter-se inteirado de seus aspectos essenciais.

Então, vamos agora verificar o que aconteceu com essas duas "raízes" aqui, no Brasil, isto é, a **RAIZ AFRO** e a **RAIZ AMERÍNDIA** ou de nossos índios, com a "FUSÃO" ou a mistura de uma com a outra.

O Culto Bantu dos africanos foi o que trouxe uma tendência mais livre. Começou por receber — já no Brasil — as influências dos outros e principalmente do culto nagô. Já por efeito dessa influenciação, já por essa tendência mais liberal, pelas alturas do ano de 1547 foi constatado, positivamente, a existência de uma espécie de "fusão", de mistura de práticas, de ritos, com o cerimonial que os nossos índios vinham praticando e denominado pelo branco como o "adjunto da Jurema"...

É importante lembrarmos que esse "adjunto da Jurema" que foi interpretado como uma espécie de sessão, de reunião, de agrupamento, já era, por sua vez, uma degeneração do verdadeiro **CULTO DA YUREMA** que foi um dos aspectos puros que ficou do primitivo **CULTO DE MUYRAKITAN**, que foi sendo esquecido ou se apagando dentro dos ritos sagrados dos tupy-nambás, dos tupi-guaranys e outras tribos, após a era cabraliana, ou seja, já no período de acentuada decadência desse povo...

Dessa "fusão" entre o culto dos bantus e o dito como "adjunto da Jurema" surgiu, depois de alguns anos, outra espécie de rito, com práticas mistas que ficou conhecido ou que foi chamado depreciativamente de **"CANDOMBLÉ DE CABOCLO"**, onde a par com a evocação e a crença nos "orixás", predominava mais a influência ameríndia, com seus "Caboclos, seus encantados"etc. Dentro desse aspecto ainda existe em alguns Estados, particularmente na Bahia.

Porém, por outro lado, esse aspecto, essa fusão, degenerou mais ainda, porque certas práticas do elemento negro, netos de africanos etc., de cunho nitidamente baixo, ditas como pura feitiçaria, prevaleceu mais.

Assim, viu-se surgir mais uma "retaguarda negra", nefanda e que ficou denominada de "**CATIMBÓ**".

Por quê "catimbó"? Porque nas primitivas práticas do "Candomblé de Caboclo", dado a influência ameríndia, se usavam muito os timbós ou os catimbós, cujos termos significam defumação, a par com o uso exagerado de muita fumaça de cachimbo...

Então, a essa degeneração negra, por uma questão de associação de idéias, de correlação, passaram a chamar de "Catimbó"...

Nesse "Catimbó", que ainda hoje em dia existe (infelizmente) e em muitos Estados e que, por aqui, pela Guanabara, já incrementaram como uma espécie de apêndice de muitos "terreiros", o qual fazem funcionar depois da meia-noite. Isso é o que há de mais escuso, trevoso e prejudicial.

Nele, o que manda é o dinheiro e o mal. Os despachos, "as arriadas" para os tais mestres de linhas com seus encantados é coisa corriqueira e tudo é feito na base do pagamento...

Os seus praticantes — os chamados de "catimbozeiros" são de baixíssima moral espiritual etc. Esses infelizes estão irremediavelmente presos nas garras do astral inferior — no que há de mais inferior mesmo, do baixo astral...

Já é tão grande a infiltração desses elementos humanos e astrais no meio umbandista, que os interessados já lançaram à venda "estátuas" dos tais de "Zé Pelintra", "Caboclo Boiadeiro", enfim, dos tais "mestres do Catimbó", para se confundirem com as verdadeiras entidades da Lei de Umbanda, pela massa cega, confiante, ingênua...

Já verificamos em certos "terreiros" a existência delas, de mistura com "santos e santas, caboclos e pretos-velhos, sereias-do-mar" etc. Santo Deus! Quanta ignorância! Mas não podemos desanimar...

MISTÉRIOS E PRÁTICAS DA LEI DE UMBANDA   47

Logo depois, essa "fusão" que gerou o "Candomblé de Caboclo" acolheu também a forte influência dos "santos" da Igreja Apostólica Romana. Daí é que veio o aspecto dito como sincretismo, similitude etc.

Toda essa complexa mistura, que o leigo chama de "macumba, candomblé, baixo-espiritismo, magia-negra" e em certos Estados, de "canjerê, pajelança, batuque ou toque de Xangô, babassuê, tambor de mina" etc., recebeu ainda, nos últimos 50 anos, mais uma acentuada influência — a do Espiritismo dito como de Kardec.

Então temos, há mais ou menos 414 anos, todos esses ASPECTOS, místico, mítico, religioso, fenomênico, sincrético, espirítico etc., de MISTURA e envolvendo PRÁTICAS, as mais CONFUSAS, fetichistas, materialmente grosseiras, de ritualísticas barulhentas, pelos tambores ou atabaques, triângulos, cabaças e outros instrumentos exóticos e primitivos, tudo isso em pleno SÉCULO XX, norteando as linhas-afins de uma IMENSA COLETIVIDADE ou massa humana, já na casa dos milhões, com seus milhares e milhares de Tendas, Cabanas, Centros, "Terreiros" etc.

Essa coletividade religiosa, mística, foi denominada, nos últimos anos, pelos INTERESSADOS — os monopolizadores dessa situação — como dos ADEPTOS DOS CULTOS AFRO-BRASILEIROS ou AFRO-ABORÍGENES.

Essa era (e ainda é, em grande parte) a situação existente, quando surgiu UM VIGOROSO MOVIMENTO DE LUZ, ORDENADO PELO ASTRAL SUPERIOR QUE ABARCOU TUDO ISSO NUMA TREMENDA E PODEROSA INTERPENETRAÇÃO HUMANA E ASTRAL...

ESSE PODEROSO MOVIMENTO DE LUZ, dentro dessa coletividade dita como dos adeptos dos Cultos Afro-brasileiros, FOI FEITO PELOS ESPÍRITOS QUE SE APRESENTARAM COMO "CABOCLOS, PRETOS-VELHOS E CRIANÇAS" ...

E quem são esses ESPÍRITOS? Vamos explicar...

Esses espíritos são, justamente, os dos antiqüíssimos **payé, karaybas, morubixabas, tuxabas ou caciques** e outros mais, da primitiva RAÇA TUPY ou dos Tupi-nambá, tupis-guaranis etc. (pois o tronco racial deles era um só), bem como pelos também antigos ou primitivos sacerdotes do povo africano, ditos como babalawôs, babalaôs, tatas etc., a par com os espíritos de crianças, que foram ordenados para essa missão, dado a mística dessa coletividade sobre eles, pela derivação da crença dos **Ibejis** dos africanos e dos **curumins** dos índios, e nos Cosme e Damião.

Porque surgiram estes espíritos dentro desta coletividade?

Ora, pelo que acabamos de explicar sobre os fatores fusão e degeneração e conseqüentes misturas, etc., cremos que ficou **patente** que essa massa, essa coletividade, não podia continuar assim, dentro das condições expostas.

Era (e ainda é, em 90%) de ausência absoluta nesses ambientes, a Doutrina, o Evangelho e, é claro, o estudo da mediunidade etc.

Práticas as mais confusas, desordenadas, baixas — por envolverem oferendas com **sacrifício de animais,** sangue etc., ainda são fatores comuns nos "candomblés" que dizem praticar algum **ritual de nação** e que, por cima de tudo isso, ainda afirmam ser de "umbanda".

A ignorância é tão grande na maioria dessas criaturas que se intitulam de "pais de santo" ou babalorixás, babás, tatas, chefes-de-terreiros" etc., que ainda não foram capazes de notar a patente discrepância no tipo de oferenda (ou "comida de santo") que fazem a seus "orixás" — tidos por eles como Espíritos-Ancestrais dos outros Espíritos, isto é, como Potências Elevadíssimas — aos quais oferecem sacrifícios, de animais, com sangue e tudo e também oferecem o mesmo tipo de sacrifícios, com sangue e tudo, para os Exus... considerados espíritos atrasados. Como se entender isso? Só entendimentos estacionados há 4.000 anos podem conceber e praticar semelhantes disparates... pois, como é que a mesma **qualidade de oferenda** pode servir tanto para Orixá quanto para Exu?

MISTÉRIOS E PRÁTICAS DA LEI DE UMBANDA

Pois bem, era impossível que a providência Divina deixasse de AGIR...

E foi por **causa disso tudo** que se fez imprescindível um novo MOVIMENTO dentro desses Cultos Afro-brasileiros ou de sua imensa massa de adeptos.

E esse MOVIMENTO DE LUZ — feito pelos espíritos carmicamente afins a essa massa e pelos que, dentro de afinidades mais elevadas ainda, as que são pautadas no Amor, na ajuda, na RENÚNCIA em prol da EVOLUÇÃO DE SEUS SEMELHANTES — foi lançado através da mediunidade de uns e de outros, pelos "Caboclos", "Pretos-Velhos" etc., com o **NOME DE UMBANDA**...

Começaram então a aparecer por dentro da Corrente Astral e humana, falanges e falanges de "Pretos-Velhos, de Caboclos", como os "Pai-Benedito, Pai-João, Pai-Zé, Pai-Tomé, Pai-Jacó, Pai-Domingos, Pai-Francisco, Pai-Antonio, Pai-Moçambique, Pai-Malaquias, Pai-Tibiriçá, Pai-Martim, Pai-Ernesto, Pai-Chico" etc., e as Mãe-Cambinda, Mãe-Maria, Mãe-Guiomar" etc., e as "Vovó-Conga, Vovó-Catarina, Vovó-Luísa" etc., e as "Tia-Chica, Tia-Maria, Tia-Francisca, Tia-Quitéria" etc.

A par com esses surgiram logo os **Caboclos**; foram os "Caboclo 7 Encruzilhadas, Caboclo 7 Flechas, Caboclo Ubiratan, Ubirajara, Urubatão, Tupy, Tupinambá, Guarany, Yrapuã, os Pena-Azul, Pena-Branca, Caboclo Águia-Branca, Arranca-Toco, Arruda, Coqueiro, Guiné etc.; bem como as **Caboclas** Jurema, Jandira, Jupira, Juçara, Indira, Cabocla do Mar, Cabocla Estrela, Cabocla Três Luas e muitas outras mais...

E também vieram, acompanhando os **pretos-velhos** e os **Caboclos,** as Falanges dos espíritos de **crianças**, como os Cosme, os Damião, os Doum, os Tupãnzinho, os Crispim, os Joãozinho, os Duquinha, os Simeão, as Mariazinha, as Manuelinha, e um sem número deles e delas...

Todas essas entidades — e outras mais aos milhares — desceram como pontas-de-lança, **ordenadas** pelo Tribunal Planetário, afim de incrementarem por todos os meios e modos a EVOLUÇÃO da massa dita como dos adeptos dos cultos afro-brasileiros...

Foi então que surgiram as primeiras manifestações dos **cacarucaio** — os Pretos-Velhos, dos primeiros Caboclos, nos terreiros, através da mediunidade de uns e de outros, os' chamados médiuns, aparelhos ou veículos dos espíritos...

E como legítimos trabalhadores da seara do Cristo Jesus, foram logo ensinando a Sua Doutrina, isto é, as Leis do Pai-Eterno...

Muito embora lutassem com a dificuldade do material humano mediúnico, mesmo assim conseguiram firmar idéias e Princípios, estabelecendo as REGRAS e fizeram um vasto trabalho de ADAPTAÇÃO de **conceitos** sobre Linhas etc...

O termo UMBANDA que eles implantaram no meio para servir de BANDEIRA a esse novo MOVIMENTO, identifica, positivamente, **a força e os direitos de trabalho** dessa poderosa CORRENTE, que assim passou a se denominar Corrente Astral de Umbanda.

Ensinaram mais que, Umbanda representa, dentro da coletividade dita como dos adeptos dos Cultos Afro-aborígenes, as Leis de Deus, pela palavra do Cristo Jesus — o Regente de nosso planeta Terra.

E esses "Caboclos", esses "Pretos-Velhos", dado a confusão reinante sobre a questão das **linhas**, todas fortemente enxertadas de "santos e santas" da Igreja Romana, embaralhando cada vez mais os entendimentos, conseguiram firmar **doutrina** sobre as Linhas, as Legiões, as Falanges etc...

Portanto, sempre ensinaram que Umbanda é um termo Litúrgico, sagrado, vibrado, que significa, num sentido mais profundo — CONJUNTO DAS LEIS DE DEUS, porque tem por **escopo**, dentro do meio que atualmente se diz como **Umbandista, implantar** no coração de seus filhos de fé essas citadas **leis**...

A Corrente Astral de Umbanda reconhece 7 Potências Espirituais que têm **comando direto** sobre o **planeta Terra** e também no **sistema planetário** de que ele faz parte, sendo que a principal dessas

MISTÉRIOS E PRÁTICAS DA LEI DE UMBANDA

Potências é o Cristo Planetário, que supervisiona as outras seis, e que por efeito dessa adaptação tomam o nome de ORIXÁS.

Essas Potências ou esses Orixás fazem-se representar através de LINHAS, cada Linha tendo 7 Legiões e cada Legião tendo 7 Falanges. Linha significa, a Faixa Vibratória em que estão situadas, por **afinidade,** as Entidades Mentoras, ou seja, os GUIAS, os PROTETORES e todas as humanas criaturas, dentro, é claro, desta mesma **lei de afinidade**[7].

Devemos lembrar a todos os nossos irmãos umbandistas, estudiosos etc., que o nome ou os NOMES pelos quais as Escolas, os sistemas filosóficos, as religiões, ou os cabalistas, os magistas, os esoteristas, os teosofistas, os gnósticos etc..., **identificam** as Potências Divinas, não altera a razão de ser dessas Potências e tampouco sua **essência...** Portanto é Brahma, é Olorum, é Zamby, é Deus, é Jesus, é Buda, é Mitra, é Osíris etc. No fundo de tudo estão sempre e inalteravelmente o Pai-Eterno e o Cristo Planetário...

---

[7] Aos que se interessarem por maiores **fundamentos,** quer no aspecto científico, filosófico, metafísico, religioso, místico, mágico ou cabalístico, ritualístico, mediúnico etc., recomendamos nossos livros: *Umbanda de Todos Nós – a Lei revelada,* um compêndio de fôlego, com 350 páginas, todo ilustrado com mais de 100 clichês e mapas diversos, alguns até policrômicos, de 60 x 40, 50 x 30 cm. E ainda a nossa obra mediúnica, em forma de diálogo, com revelações inéditas, intituladas *de Lições de Umbanda (e Quimbanda) na palavra de um Preto-Velho...* E, para os que já tenham acentuada cultura esotérica, recomendamos especialmente *Sua Eterna Doutrina,* uma obra da série Umbanda de Todos Nós. Recomendamos, também, a excelente obra do confrade J. Barbosa, intitulada **Manual dos Chefes-de-Terreiro e Médiuns de Umbanda...** Também, nessa oportunidade, recomendamos a todos os nossos leitores as obras do confrade Joviano Tôrres, assim como a sua **Totalidade e Sociologia** (cosmovisão integral)... Joviano Tôrres é um médium de extraordinária clarividência cósmica. Ele foi um dos primeiros a alcançar as **razões** desse tremendo Movimento da Corrente Astral de Umbanda no Brasil... Porque, seu espírito escapa, voa, e interpenetra os espaços siderais para estudar princípios, causas etc. Suas obras precisam ser lidas e bem meditadas. Há uma grande semelhança de conceitos entre **Totalidade e Sociologia** e nossa citada obra **Sua Eterna Doutrina...**

Antes, porém, de entrarmos na definição das 7 Linhas da Lei de Umbanda, faz-se necessário elucidarmos também um conceito errôneo que é comum e aferrado na mentalidade de muitos irmãos umbandistas, desses que ainda têm preguiça de analisar, comparar etc

Esse conceito é de que a "Umbanda é um dos aspectos do chamado Espiritismo de Kardec ou do Kardecismo"...

Até irmãos estudiosos pensam e costumam afirmar isso, como ponto de doutrina. Estes estudiosos, parece, não analisaram a "coisa" como ela é e se apresenta. Batem-se no ponto de que, no umbandismo, existe a manifestação dos espíritos e no espiritismo também. Vamos elucidar esta questão de vez.

Todos sabem que quem particularizou o termo "espiritismo" foi Allan Kardec, para traduzir, por ele, certos ensinamentos dos espíritos.

A palavra **espírito** perde-se pela antigüidade, dentro dos livros religiosos de vários povos, inclusive dos Vedas, dos Brahmas, no livro dos mortos dos Egípcios, nas obras de Fo-HY, um dos mais antigos sábios da China, na Bíblia de Moisés, na Cabala dos Judeus, nos Evangelhos ditos do Cristo, e, para não citarmos mais, na antiqüíssima Bíblia Maia-Quíchua — o Popol-Vuh etc.

O que se deve entender, realmente, por espiritismo? Segundo Kardec, é a Doutrina dos Espíritos. Como vêem, revelar a doutrina ou as coisas do espírito não foi exclusivo privilégio de uns e outros...

"Diremos, pois, que a doutrina espírita ou o Espiritismo tem por princípio as relações do mundo material com os espíritos ou seres do mundo invisível etc." (**Livro dos Espíritos**, int., pág.11.) E estes espíritos foram engendrados exclusivamente por Kardec para criarem uma doutrina sua — própria?

Ora, estas **relações**, esta doutrina, que também traduzem as Eternas verdades, são tão velhas quanto a própria humanidade, porquanto podem ser identificadas nos antigos e sagrados livros das mais velhas religiões do mundo.

É só compararmos os 34 itens com que Kardec fundamentou os "pontos principais" da doutrina que os espíritos transmitiram, em sua introdução (obra citada, págs. 21-25)...

MISTÉRIOS E PRÁTICAS DA LEI DE UMBANDA

Devemos reconhecer então que a **essência** desta doutrina e suas relações com o mundo da forma, comunicações, fenômenos inerentes à mediunidade, são **FATOS** que remontam aos primórdios das civilizações. Não são, portanto, **REALIDADES** somente conhecidas de 1857 aos nossos dias.

E a Umbanda que tem como vértice de sua razão de ser, desde as eras primitivas, ou mais particularmente, desde a segunda raça-raiz, os Lemurianos, numa Era de Escorpião — o signo da magia, a exteriorização periódica ou por ciclos, destes fatos, ressurgiu na atualidade, como o fizera no passado entre os Atlantes, os Maias, os Quíchuas, os Tupy-guarani e os Tupy-nambá da época pré-cabraliana e ainda bem como há milênios, quando do antigo apogeu da raça africana, que conservou dentro da tradição oral até nossos dias, farrapos desta Lei ou desta Doutrina — revelação do próprio verbo — primitiva síntese relígio-científica, cujas derivações podem ser identificadas nos diferentes sistemas religiosos (pelo aspecto esotérico) de todas as raças.

Vamos ressaltar, agora, uma verdade positiva: Kardec codificou, isto é, propagou, **apenas**, **PARTE** dessas antigas Verdades — reveladas pelos espíritos de acordo com a época — expressões de uma Lei imutável, que vêm sendo confirmadas e ampliadas dentro de nossas Linhas de Umbanda, por grandes instrutores, espíritos altamente evoluídos, que consideramos como Orixás intermediários e Guias, que têm como missão precípua reconstituir as partes restantes ou seja, o Todo...

O que realça, claramente, do exposto? Que há uma certa identidade entre o Espiritismo e a Umbanda. Esta identidade se verifica quanto à doutrina, à manifestação e comunicação dos espíritos, pelo fator mediúnico, bem como pela parte científica, filosófica, moral etc.

Mas sobrepõe-se logo, numa comparação, o seguinte: a Lei de Umbanda **não é** o Espiritismo apenas. Este, com todo seu conteúdo, é que faz parte da Umbanda, isto é, se integra ou se **ABSORVE NELA**.

Na Umbanda, ALÉM da parte filosófica, científica, doutrinária e dos fenômenos da mediunidade, pela manifestação, desta ou daquela forma, dos espíritos, **formando estas coisas,** os atributos principais e tacitamente reconhecidos como particularizando a escola Kardecista, tem a Umbanda ainda, bem definido, o aspecto propriamente dito de uma religião, pela Liturgia, Ritual, Simbologia, Mitologia, Mística, bem como pela Magia, Astrologia esotérica e outras correlações de Forças NÃO PRATICADAS no denominado espiritismo, e, portanto, INEXISTENTES.

Podemos portanto, agora, entrar, com a definição ou o conceito interno sobre as chamadas 7 Linhas da Lei de Umbanda.

ESSAS 7 LINHAS ou VIBRAÇÕES ORIGINAIS ou (OS 7 ORIXÁS), SÃO:

LINHA ou VIBRAÇÃO ORIGINAL DE OXALÁ (ou de **ORIXALÁ,** que significa: o maior, **aquele** que está acima de todos os Orixás, sem ser o DEUS, isto é, Olorum, Zamby, Tupan etc. Essa **Linha** é o mesmo que se compreende como a Faixa Vibratória direta do Cristo Planetário — mais identificado como JESUS — e que faz a supervisão das demais, em suas ações envolventes ou de influenciações sobre o Planeta Terra, do qual, Ele, o Cristo Cósmico, é o Regente Direto. Essa Faixa Vibratória faz-se representar diretamente na Corrente Astral e Humana de Umbanda, através das entidades que se apresentam sob a forma de **Caboclos.** Na adaptação popular dos terreiros, diz-se como Linha de Oxalá mesmo. Esses espíritos ou Entidades trabalham muito na magia positiva, com os **elementares** ou com os ditos "espíritos da natureza" da corrente eletromagnética SOLAR...

OBS.: Essa **faixa vibratória** dá margem ao **entendimento** dos menos observadores, para que digam existir na Umbanda uma **Linha do Oriente** (assim como uma espécie de **oitava linha,** saindo portanto, do segredo do **setenário).** Essa tal linha não existe na Umbanda. O que há é o seguinte: as Entidades que se apresentam como Caboclos, no grau de Guias e daí para cima, são **espíritos luminares,** em missão, dentro da corrente Astral de Umbanda... Muitos são magos, foram altos sacerdotes ou iniciados dos antigos Templos Orientais etc. Os seus verdadeiros corpos astrais conservam a **raiz** da última personalidade, isto é, **de magos do Oriente, de hindus** etc.

LINHA ou VIBRAÇÃO DE YEMANJÁ. Nessa Faixa Vibratória estão situados todos os espíritos que se apresentam na Umbanda sob a forma de **Caboclas** e que estão muito ligadas ou que trabalham dentro da magia positiva, com os **elementais das águas** ou com os "espíritos da natureza" da corrente eletromagnética LUNAR... Na adaptação popular dos terreiros diz-se como Linha do Povo do Mar, Povo das águas etc. ..

LINHA ou VIBRAÇÃO DE YORY. Nessa Faixa Vibratória estão situados todos os espíritos que se apresentam na Umbanda sob a "Roupagem Fluídica" de **crianças** e que trabalham muito na magia positiva com os **elementais** ou com "espíritos da natureza" **telúricos** e **eólicos** da corrente eletromagnética do planeta MERCÚRIO... Na adaptação popular dos terreiros diz-se como linha das crianças, dos "beijadas", de Cosme e Damião etc...

LINHA ou VIBRAÇÃO ORIGINAL DE XANGÔ. Nessa Faixa Vibratória estão situados todos os espíritos que se apresentam na Umbanda sob a forma de **Caboclos** e que trabalham muito na magia branca ou positiva com os **elementais** ou com "espíritos da natureza" **ígnea e hídrica** pela corrente eletromagnética do planeta JÚPITER.

Na adaptação popular dos terreiros diz-se como Linha do Povo da Cachoeira, Linha de São Jerônimo etc...

LINHA ou VIBRAÇÃO ORIGINAL DE OGUN. Nessa Faixa Vibratória estão situados todos os espíritos que na Umbanda se apresentam como **Caboclos** e que trabalham muito na magia branca ou positiva com os **elementais** ou com os "espíritos da natureza" **ígnea e hídrica** pela corrente eletromagnética do planeta MARTE... Na adaptação popular dos terreiros diz-se como Linha de São Jorge, etc...

LINHA ou VIBRAÇÃO ORIGINAL DE OXOSSI. Nessa Faixa Vibratória estão situados todos os espíritos que na Umbanda se apresentam como **Caboclos** e **Caboclas** que trabalham muito na magia branca ou positiva com os **elementais** ou com os "espíritos da natureza" **telúrica ou eólica** pela corrente eletromagnética do planeta VÊNUS... na adaptação popular dos terreiros diz-se como Linha de S. Sebastião, dos Caboclos da mata etc...

LINHA ou VIBRAÇÃO ORIGINAL DE YORIMÁ. Nessa Faixa Vibratória estão situados todos os espíritos que se apresentam na Umbanda sob a "roupagem fluídica" de **Pretos-Velhos** e de **Pretas-Velhas** e que manipulam muito a magia positiva sob todos os aspectos, inclusive pelas **rezas** etc., tudo se relacionando com os **elementais** ou com os ditos como "espíritos da natureza" **eólica e telúrica** pela corrente eletromagnética do planeta SATURNO... Na adaptação popular dos terreiros diz-se como Linha dos Pretos-Velhos, Linha de São Cipriano, Linha dos "Cacarucaio", e até como **Linha das Almas** — pela interpretação dada nos chamados "candomblés" etc.[8]

_____

[8] Essa questão de **linhas**, no meio umbandista, tem sido o eterno "cavalo de Batalha" dos **doutores da lei**, dos intransigentes e dos fracos de entendimento. Compuseram, arquitetaram linhas a vontade, porém sempre com a **cauda presa** á Igreja Romana. Tanto é, que todas as linhas que existem, como ensinamentos nos livros da literatura umbandista, têm **santos e santas a granel**... chegaram até a compor linhas, ora com cinco orixás e dois santos, ora com sublinhas de quarenta e nove santos...

Qualquer um que tenha um plano de entendimento não pode aceitar as tais linhas assim... faltam-lhes o sentido oculto, teológico, filosófico, científico etc.

Então, tenho recebido certas perguntas de alguns desses **entendidos** e com certa ironia, quando perguntam assim: onde o irmão Matta e Silva "arranjou" mais essas duas últimas linhas de **YORI** e de **YORIMÁ**?... está faltando nelas S. Jorge, S. Jerônimo, S. Cipriano etc... é de estranhar que nossas "entidades" não falem nelas...

Ora, meus prezados irmãos – "poderosos tatas, sábios babalaôs" – vou responder a vocês, contando o **caso** de um amigo e umbandista de fato, um advogado, pessoa de grande cultura esotérica etc... Tendo ele a graça de receber no seio da família a presença de um legítimo Caboclo, pela mediunidade de sua esposa, pôde constatar os profundos conhecimentos dessa entidade a par com a palavra de luz, a caridade etc.

Enfim, viu esse Caboclo dizer e fazer coisas extraordinárias. Pois bem, desencarnando a esposa, ele começou a "correr gira", como se diz vulgarmente, na esperança de rever esse bom amigo Caboclo ou quando mais não fosse, um outro qualquer que suprisse a sua **saudade de contato**, de esclarecimentos etc... Um belo dia procurou-me. Então? – perguntei-lhe... e ele triste, desolado mesmo, confessou-me: corri "seca e meca"... falei com dezenas e dezenas de "guias" e nada... Por quê? – tornei a indagar... por que só ouvi bobagens e quando não era bobagem, não diziam nada, porque nada sabiam... mas, não perdi a crença nos verdadeiros Caboclos, Pretos-Velhos, etc... é como você diz, Matta e Silva: ou é animismo, auto-sugestão ou são eles – os quiumbas, que nada sabem mesmo...

MISTÉRIOS E PRÁTICAS DA LEI DE UMBANDA 57

Agora, prezado irmão umbandista, que você já leu a classificação das Linhas de Umbanda e deve ter entendido também que os espíritos ditos como de "Caboclos, Pretos-Velhos e crianças" (considerados como **eguns** e, portanto, repelidos nos cultos afros puros), foram os que implantaram a **nova corrente**, isto é, um **movimento novo**, ao qual deram o nome de Umbanda...

Deve ter compreendido mais, que nem a "raiz" africana, nem a "raiz" ameríndia ou de nossos índios, são ou foram Umbanda propriamente dita...

Deve ter ficado bem claro, também, que a **degeneração** das duas **RAÍZES**, pela fusão, pelas misturas geradoras de RAMOS negativos, complexos, confusos, etc., foi que deu **margem** a que houvesse uma intervenção do Astral Superior, dentro desses citados **ramais** ou degenerações que enfeixaram com a denominação de cultos afro-brasileiros e, posteriormente, passaram a considerar como Umbandista ou dos adeptos da Umbanda...

Como se vê, o que tem causado a maior confusão nos entendimentos, na questão de Umbanda **versus** candomblés, é o aspecto relativo ao sincretismo Orixás x santos católicos, na interpretação dada pelos adeptos...

Conforme acabamos de definir no conceito interno da Corrente Astral de Umbanda sobre as 7 Linhas dos Orixás ou Vibrações Originais e abaixo ou no fim da descrição de cada Linha, acentuamos o aspecto sincrético ou de assimilação popular nos terreiros daqui — do estado do Rio, inclusive a antiga Guanabara —, vamos acentuar e repetir, também, algumas variações do citado sincretismo, ainda na interpretação dos crentes ou adeptos, em mais alguns estados do nosso Brasil, a fim de que estudiosos possam analisar, comparar etc., pois esta questão ou esse estudo sobre Umbanda é algo difícil, complexo e demanda pesquisa profunda e conhecimentos vários. É mais trabalho para uma equipe de técnicos, do que de um só...

Sincretismo Afro-Católico que ainda influencia e confunde bastante os entendimentos no meio Umbandista...

Orixá Africano	Santo Católico	Interpretação do Estado ou Cidade
Exu	S. Bartolomeu	Bahia
Ogum	S. Antonio	Bahia
Ogum	S. Jorge	Rio e Recife
Obaluayê	S.Francisco	Bahia
Obaluayê	S. Sebastião	Recife e Rio
Omulu	S.Bento / S. Caetano S. Roque	Bahia e Rio
Omulu	S. Lázaro	Rio e Recife
Nanã	Sant'Ana	Rio, Bahia e Recife
Oxum	N. S. das Candeias	Bahia
Oxum	N. S. da Conceição	Rio
Oxum	N. S. do Carmo	Recife
Yemanjá	N. S. da Conceição	Bahia e Recife
Yemanjá	N. S. da Glória	Rio
Iansã	Santa Bárbara	Rio, Bahia e Recife
Oxalá	N. Senhor do Bonfim	Rio, Bahia e Recife
Oxossi	S. Sebastião	Rio
Oxossi	S. Jorge	Bahia
Ibejê	S. Cosme – Damião	Rio, Bahia e Recife
Ossãe	Santa Luzia	Vários Estados
Xangô	S. Jerônimo	Vários Estados

Todavia ainda para facilitar mais os entendimentos sobre todos esses **fundamentos** históricos e suas decorrências, compomos esse organograma da Origem Histórica, Mítica e Mística da Lei de Umbanda, pelo qual se torna mais fácil ao estudante concatenar, revisar claramente tudo que leu sem maiores detalhes até agora.

Portanto, irmãos umbandistas, a Umbanda é, não resta a menor dúvida, um poderoso movimento religioso, uma autêntica RELIGIÃO, que influencia milhões de pessoas ou adeptos, visto não faltar nela nenhuma das condições ou atributos que compõem uma religião propriamente dita no conceito dos **doutos** ou teólogos, a respeito... e para isso, vamos ver o que ensinam as **Entidades Espirituais** sobre a Umbanda e sua Eterna Doutrina.

MISTÉRIOS E PRÁTICAS DA LEI DE UMBANDA

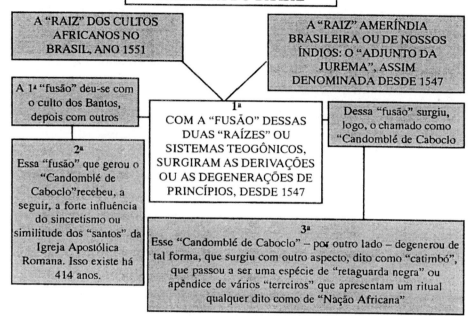

4º

    Toda esta complexa "mistura" (que o leigo chama de "macumba", candomblé, baixo espiritismo, baixa magia e em certos Estados de "canjerê", pajelança, batuque ou toque de xangô, etc.) recebeu nos últimos 50 anos a influência acentuada do Espiritismo dito como de Kardec.

    Então, temos: o 1º aspectos, o 2º e o 3º, esse como um apêndice, tudo junto, se misturando, norteando as linhas-afins de uma grande coletividade religiosa, atualmente, já na casa dos milhões de adeptos. Esta massa humana ou coletividade religiosa foi denominada, ultimamente pelos interessados, como dos adeptos dos Cultos Afro-brasileiros.

5º

    Este é o da UMBANDA propriamente dita – vigoroso Movimento de Luz que abarcou tudo isso, numa poderosa interpenetração astral e humana, a fim de incrementar a evolução desta massa, dita como dos adeptos dos Cultos Afro-brasileiros, generalizada de umbandista. Esse Movimento de Luz foi feito, diretamente, pelos espíritos de "Caboclos, Pretos-Velhos e Crianças" – considerados como **EGUNS** e, portanto, repelidos nos cultos afro-puros.

NOÇÕES SOBRE A ETERNA DOUTRINA DA LEI DE UMBANDA

A Corrente Astral de Umbanda é, incontestavelmente, um dos organismos em ação do Governo Astral ou Oculto do Planeta Terra.

As entidades espirituais militantes dessa Corrente têm como escopo reafirmar, incessantemente, dentro do meio ou da corrente humana, a Doutrina do Cristo Planetário.

Para isso, sempre que possível, quando incorporam, irradiam ou influenciam um médium, relembram, para os "filhos-de-fé", os seus pontos principais.

Assim é que apontam o egoísmo como causa de todos os males, de todos os sofrimentos humanos. O egoísmo é uma das manifestações do desejo, e esse tem origem no próprio espírito, sendo que o desejo, como o interpretamos, é um aspecto grosseiro, objetivo, das Afinidades Virginais do espírito.

As afinidades virginais do espírito são faculdades próprias dele, eternas como ele, porque sempre existiram como seus atributos internos, mesmo quando ele não participava da Natureza Natural, isto é, mesmo quando o espírito ainda não tinha "caído" ou descido às regiões do espaço cósmico onde a energia natural tem domínio. (Galáxias, sistemas planetários, corpos celestes, macro e microorganismos etc.)

As entidades mentoras da Corrente Astral de Umbanda – esses Caboclos, Pretos-Velhos e Crianças – ensinam que essa "natureza natural" é a segunda via de evolução cármica dos seres espirituais, porque a primeira via de evolução para os espíritos é o Reino Virginal, onde eles estão **puros** em sua própria essência, isentos de qualquer espécie de veículos materiais ou de qualquer ligação com energia física propriamente dita.

A descida ou "queda" ao mundo dos planetas implicou no seu condicionamento de vida as **formas** facultadas pelas qualidades de energia condensada em matéria, condições essas que o espírito **ignora-**

MISTÉRIOS E PRÁTICAS DA LEI DE UMBANDA 61

va e por isso mesmo que se viu preso às injunções dessa outra natureza. Aí começou a experimentar essa nova Via de evolução e o fez através dos reinos mineral, vegetal e animal, chegando por fim ao gênero humano, sempre experimentando, errando e criando, assim, o que se designa por Karma, dentro da roda incessante das reencarnações...

É, portanto, ponto fechado na Escola Umbandista as duas vias de evolução, a necessidade das Reencarnações, das Experimentações e das respectivas lições.

É ponto fechado, ainda, que os espíritos, de acordo com sua natureza virginal, isto é, com suas afinidades virginais, sempre tiveram consigo a Eterna Natureza Ativa e a Eterna Natureza Passiva...

Com isso, queremos dizer, positivamente, que a Escola Umbandista rechaça a teoria que os espíritos não têm sexo: tanto podem encarnar como criatura masculina como feminina... essa doutrina é errônea.

Sim, os espíritos do reino Virginal, **puros** e isentos de **veículos**, não possuem sexo assim como nós podemos compreender, no corpo humano.

As suas afinidades e vibrações psíquicas são quem, ao se definirem, ao se imprimirem, ao se materializarem, **revelam** a sua **qualidade** na matéria.

Em suma: o espírito que tem como própria de sua natureza espiritual a vibração psíquica do masculino foi, é e será sempre masculino. Pode ter milhares de reencarnações, mas todas serão em forma de homem.

O que pode acontecer, tem e vem acontecendo é uma espécie de **desvio**, uma anormalidade, pelo abuso de suas faculdades no que se diz como instinto sexual; ele cria em si tais condições de **desejos insatisfeitos** ou de insatisfações, que tende e procura avidamente satisfazê-los, surgindo dessa situação a necessidade de encarnar como elemento feminino (umas das maneiras de **derivar** essas citadas condições) a fim de esgotar essa alteração, esse distúrbio, da **linha justa vibratória** de sua natureza...

Essas condições ainda costumam, também, adquirir tal intensidade, tais estados mórbidos, que passam ao aspecto de acentuada degeneração psíquica; é quando surgem como introvertidos ou homossexuais, etc.

As mesmas acontecem com os espíritos da vibração feminina. No entanto, serão, porque sempre foram, da linha do **eterno feminino**. Sempre se definiram, em suas afinidades virginais, pela natureza passiva, da energia-matéria.

Essa regra, essa lei, essa realidade fundamental que implica na existência de **Duas Naturezas, Dois Pólos** etc., em todas as coisas, é uma Verdade Eterna.

Dentro dessas condições, portanto, é que o espírito ou o ser desencarnado vive preso à natureza de seus desejos, encarnando sem cessar, em repetidos reajustamentos, para Evoluir...

E a fim de incrementar a evolução de todos os Seres ou Espíritos carnados ou desencarnados que estão situados na faixa vibratória e Cármica da Corrente Astral de Umbanda, é que existem esses Caboclos, esses Pretos-Velhos etc., **olhando, fiscalizando e ajudando** de todas as maneiras positivas nos ambientes astrais dos terreiros e das tendas, que os chamam incessantemente, em tremenda barulhada, pensando que eles podem "incorporar" nos "cascões" da ignorância dos homens ditos e tidos como "médiuns"...

Naturalmente que é imenso o esforço das entidades dentro desses ambientes, para incorporarem num aparelho de fato, a fim de poderem aplicar diretamente a Doutrina do Cristo Jesus Planetário dito como Jesus ou Oxalá.

Esses ambientes ruidosos, porém, têm seu lado bom, pois cumprem a sua parte na lei natural das coisas. Nem tudo será treva no meio umbandista...

Existem muitas e muitas Casas de Umbanda onde a Caridade é norma, é o pão de cada noite. Há centenas e centenas de umbandistas conscientes que não se "apavoram" nem se deixam **envolver** pela ostentação, pela vaidade de seus irmãos ainda escravizados ao aspecto

MISTERIOS E PRÁTICAS DA LEI DE UMBANDA

exterior, vulgar, material das coisas que os olhos físicos gostam de ver...

Nós, umbandistas conscientes, não estamos arraigados aos exteriores que servem de escala e de contato para os **planos superiores**. Quem se aferra a eles, são criaturas dentro do sagrado direito de praticarem de acordo com seus **estados de consciência ou de percepção**.

Concebemos a Lei de Umbanda como a parte atuante na Terra, das Hierarquias Constituídas. Interpretamos a Lei de Umbanda como o movimento destas Hierarquias Constituídas que originam mensageiros ou trabalhadores espirituais que são os espíritos chamados de "Caboclos e Pretos-Velhos", Orixás Intermediários, Guias e Protetores e que portanto representam a Lei de Umbanda.

O caminho que nos apontam é o do Amor, no duplo aspecto da Renúncia e da Caridade, não por nossa palavra apenas, pois nos consideramos muito aquém deste Amor-Renúncia. Traduzimos a palavra como simples e despretensioso veículo destes "Caboclos e Pretos-Velhos" que muitos desprezam, pensando serem eles calapalos ou xavantes ou pobres negros africanos egressos de encarnações recentes, pois que só pensam ou têm em mente a visão de "mestres orientais", sem quererem dar crédito quando afirmamos que estes mestres são os mesmos que se envolvem em outras roupagens. Eles não fazem escolhas pessoais, quando se trata de fazer caridade ou incrementar a evolução das coletividades humanas. Sabiamente se adaptam à mística, pelo relevo moral e espiritual, étnico, místico, social e religioso de cada povo ou raça.

O objetivo é atingir o estado de renúncia, porque é a forma de dinamizar a própria matéria orgânica, pelas vibrações do espírito, nos aproximando do Cristo, realizando gradativamente o **Cristo em nós**.

A meta das entidades militantes da Lei de Umbanda não é apenas atuar em **médiuns** de incorporação — em maioria se prestam tão-só para servir, que quase sempre forçados pelas circunstâncias que os obrigaram a procurar o espiritual. Eles procuram médiuns com faculdades mais elevadas, a fim de fazê-los missionários da luz.

Afirmamos, então, que o objetivo real dessas entidades é preparar **mediadores** entre esses médiuns influentes ou com tendênciasafins às luzes da verdade na própria consciência, para que possam ser, assim, os mediadores reais de suas mensagens ou ensinamentos, veículos adequados aos contatos superiores dos Orixás intermediários nas mensagens aceleradoras da evolução humana.

Ao falarmos desses "Caboclos e Pretos-Velhos", queremos definir o mérito desses espíritos, oh! irmãos que não querem ver! "Cegos, guias de cegos", que não vêem a luz do Sol estender suas vibrações pelos cumes das montanhas, para beijar o mais ínfimo dos seres... o Sol espiritual é para todos, oh! irmãos criados dos "cascões" da ignorância ou da incompreensão religiosa!...

Por que desprezar o que não conhecem **internamente**? A sublimidade da obra está, justamente, na não seleção dos agrupamentos, quando se espalham as sementes! Quanto mais o "campo for agreste", maior o mérito, pelo espírito de sacrifício e tolerância. É assim que nossas entidades trabalham, ao se revestirem das formas apropriadas — tal e qual como as ferramentas que se usam no preparo da terra de "campo agreste"...

Seria inútil devassar a mata virgem, sob condições bravias, na **roupagem** dos ricos e potentados, de finos calçados e elegantes tecidos. Logo receberiam a reação dos "espinhos ou cardos" da incompreensão. Não seriam olhados na confiança pelo desajuste no alcance e assimilação — apenas com temor e desconfiança.

Irmãos! Assemelhem à imagem! Estados de consciência são questões de foro íntimo! Somente a psicologia destes "Caboclos e Pretos-Velhos", que é a divina Magia da compreensão e adaptação, pode vencer nos terreiros, quando impulsionam as criaturas pelos degraus da ascensão!

Oh! irmãos! Que sentimos nós quando atingimos **aquele** degrau e olhamos os que ficaram nos outros! Sentimos dor e piedade. Dor, por vermos o quanto lutamos e ainda temos que lutar dentro das ações e reações da matéria às reencarnações! Piedade, por identificarmos neles a ilusão, mãe da amargura, a mesma que, no passado, nos levou através das lições a duras experiências...

MISTÉRIOS E PRÁTICAS DA LEI DE UMBANDA 65

Tentamos traduzir fagulhas desta palavra, desta doutrina de nossas Entidades! Amor-renúncia-caridade! Não para agradar o meigo Oxalá, para que ele interceda por nós, **pelo nosso egoísmo**, no temor de um "Deus Justiceiro!", que nos espera em julgamento no dia do "Juízo"! Pouco adiantará uma ascensão condicionada a este estado de consciência!

Elevemo-nos ao Cristo, realizando dentro de nós mesmos a **consciência crística**, que nos conduzirá à consciência UNA, ao DEUS UNO!

UMBANDA é Movimento Espiritual sério e não somente os **sincretismos** ou similitudes das práticas que as criaturas transformam na bizarria dos fetiches coloridos, que são os adornos que a vaidade embala, como se fossem da Umbanda!

Oh! irmãos! Quem transforma os ambientes no desregramento das tendências que são os espíritos que conhecemos como "Caboclos e Pretos-Velhos"! SÃO OS HUMANOS SERES QUE IMAGINAM "RECEBÊ-LOS" PARA ISSO OU AQUILO!

Este movimento é tão sério, que podemos até dizê-lo como **revelado**, sabendo-se que revelar é fazer surgir (não do "nada") descobrir, tirar o véu etc., mas não como revelações numeradas: 1, 2, 3, 4, 5, 6, 7 etc., pois revelações à semelhança têm surgido desde remotas épocas sob aspectos apropriados aos tempos ou aos povos e se podem anotá-las às centenas.

Fala-se que a primeira revelação veio por Moisés, nos 10 mandamentos; bem, Moisés descobriu para os que não sabiam, aquilo que já existia nos primitivos livros sagrados dos quais ele extraiu e adaptou à época.

Fala-se de uma segunda que foi o Cristo Jesus quem revelou. Este veio confirmar aquilo que já existia, desde Rama, através do Brahmanismo, Budismo etc.

Fala-se de uma terceira, atribuída ao Espiritismo particularizado como de Kardec. Mas o que foi que Kardec revelou? Aquilo que também já existia sob todos os aspectos, entre todos os povos e que ele codificou para a massa.

Atribuir, porém, a doutrina da reencarnação, de causas e efeitos (o carma dos hindus), da pluralidade dos mundos, enfim, tudo o que está especificado nos 34 itens do seu **Livro dos Espíritos**, que são verdades tão eternas quanto conhecidas desde os primórdios das civilizações, tão-somente porque estas antigas ou eternas verdades parecem relacionar-se com **manifestações espíritas** nas palavras atribuídas a Jesus, no Evangelho de João 16, 7 e 13: *"Todavia, digo-vos a verdade, que vos convém que eu vá; porque, se eu não for, o Consolador não virá a vós; mas, se eu for, enviar-vo-lo-ei. Mas quando vier aquele Espírito de verdade, ele vos guiará em toda verdade; porque não falará de si mesmo, mas dirá tudo o que tiver ouvido e vos anunciará o que há de vir"* ... dá-nos o que pensar...

Ora, os termos: **Consolador; aquele espírito de verdade; ele vos guiará e vos anunciará o que há de vir etc.** não se enquadram numa terceira revelação através de fenômenos espíritos — revelando uma doutrina, repetimos, tão antiga quanto a humanidade, batida e repisada em todos os livros sagrados de todos os povos? ou por seus Messias ou Profetas?...

Não queremos polemizar nem desfazer do maravilhoso movimento feito por Kardec, que seus seguidores em grande parte transformaram em princípios dogmáticos, aferrando-se aos aspectos já superados, pela precipitação da mente-inteligência insatisfeita, daqueles que já se afastaram por não sentirem mais a guarida espiritual ou alimento que lhes mantém a "fome" de saber, pois esta não se pode limitar a **princípios que não evoluem**...

O Umbandismo é movimento que repele todo e qualquer aspecto de intransigência ou preconceitos de qualquer espécie, que venham ferir estados de consciência dos humanos Seres e não se aferra a princípios que não se pautem no paralelismo da evolução, da concepção-inteligência-consciência!

Não se oculta uma espécie de "lenda de Adão e Eva" encobrindo ou desconhecendo o aspecto real da "maçã", para aqueles cujo alcance não mais aceitam "regras" que não lhes demonstre o nexo ou a lógica de sua razão de ser...

MISTÉRIOS E PRÁTICAS DA LEI DE UMBANDA 67

Este Movimento da Corrente Astral de Umbanda, através dos espíritos chamados de Caboclos e Pretos-Velhos, razão de ser da **Umbanda externa**, não funde na alma de seus filhos de fé, o relevo patético do religioso ignorante, tampouco desdenha do místico — que se eleva pelo espírito da verdade e que não se acovarda diante dos Arcanos do além, bem como não os induzem apenas pelo lado científico — pois que a ciência não explica **tudo**. Esbarra constantemente naquilo que não sabe ver. Não se "mede, pesa e conta" a "evolução-luz-saber", que é a Consciência, nos tubos de ensaio dos laboratórios pelas "combinações químicas ou físicas de seu estado"...

Não tratamos de esmiuçar os exteriores ou os invólucros grosseiros com os quais as criaturas revestem esta Umbanda de todos nós, ou seja, os aspectos relativos ou de sua apresentação, amoldados pelo conceito ou estados de consciência dos seres humanos pelo que interpretam como mediunidade.

Compreenda-se que estes aspectos relativos da Lei de Umbanda são atuantes e se adaptam a todos, através da simbologia, da mitologia, da liturgia, do ritual, da magia, dos fenômenos espíritos, da ciência, da filosofia e, sobretudo, da Doutrina que suas verdadeiras entidades militantes preconizam.

Porque, então, estas profusas e podemos dizer "desordenadas manifestações" de fenômenos que são ou que se assemelham a manifestações espíritas? (Não confundir estes aspectos com a mistificação consciente.)

É um esforço das Hierarquias, por intermédio de seus prepostos do Planeta Terra, a fim de incrementar a evolução da raça, como que "forçando" seus **estados de consciência** no caminho que conduz às coisas do além — do espírito, pela lembrança, embora rústica, de sua origem e, também para desviá-los dos dogmas e convencionalismos, pela livre expansão de suas afinidades, que é a própria essência de seus pensamentos...

A maravilhosa magia que a Umbanda revela está na sublime tolerância de jamais suas Entidades indagarem qual religião ou crença daqueles que a procuram, para este ou aquele fim...

Apenas indagam uma coisa: É SE SOFREM — traduzindo assim, exatamente, o pleno sentido da fraternidade.

E, para isso, já o dissemos, usam de todos os meios para fazê-los compreender a Verdade-Una, que ela representa na Terra, em face do sofrimento. Seus enviados (Caboclos e Pretos-Velhos) não afirmam que o Deus Uno que para uns é Zambi e para outros Tupã, somente pode ser alcançado dentro da Umbanda, desta ou daquela forma, dentro deste ou daquele ritual.

Aceitam os fatos, pelo evolutivo das coletividades e trabalham incessantemente para que estas coletividades se esclareçam, despojando-se das práticas e dos ritos que limitam o alcance, espessando os "véus" da ignorância, prejudicando o despertar de melhores concepções nas Eternas Verdades...

Mas não desamparam estes que assim praticam, enviando, dentro dos planos afins, assistência correspondente a cada um destes planos ou graus.

E nem poderia deixar de ser assim, dentro da lei de afinidades. E para isso existem as Hierarquias. Todos têm direito **à luz do Sol**.

No entanto, os espíritos que chamamos de Caboclos e de Pretos-Velhos e os que se apresentam na "roupagem fluídica de "crianças" são uns verdadeiros magos da psicologia popular, pois, de mil maneiras, sutis e oportunas, introduzem no subconsciente dos que não têm o consciente ainda em condições de assimilar a doutrina, os primeiros toques de percepção quanto à lei de conseqüência, alertando-o no sentido do Bem e do Mal, objetivando germinar em suas consciências os princípios positivos moral-espirituais, Isto, porém, de forma sutil e oportuna, pela ação indireta dos casos e das coisas que, comumente, levam as criaturas às Tendas ou Casas de Umbanda.

É sublime o trabalho, "neste campo agreste", dos "Caboclos e Pretos-Velhos". Somente um observador consciente e perspicaz pode sentir o que de real e positivo existe no mecanismo interno ou no **modus operandi** destes espíritos quando atuam por intermédio de um veículo de FATO...

MISTÉRIOS E PRÁTICAS DA LEI DE UMBANDA

Quanta tolerância! Quanta paciência e, sobretudo quanta persistência! É de ver uma Entidade de Luz, um mago, revestir-se nos ademanos de um Preto-Velho, chegar ao ponto de pitar, falar errado e outras coisas mais... para que assim suas palavras se tornem mais aceitáveis por aqueles que, de outra forma, ficariam espantados e descrentes...

Eles adaptam sua apresentação e seu modo de falar e agir de acordo com o físico e as mentalidades dos que a procuram. É um caso espantoso de "mimetismo" espiritual visando ao aproveitamento integral à caridade completa.

Elevemos nossos pensamentos — principalmente àqueles que já alcançaram um pouco além — e agradeçamos, contritos, pois que a Sabedoria do Deus-Uno é infinita! E como assim é, se apresenta sob qualquer forma ou aspecto — o trabalho é apenas discernir entre o joio e o trigo.

E mesmo quando as criaturas usam nomes de "guerra" destes "Caboclos e Pretos-Velhos" em **vão**, mistificando-os, mesmo assim, a tolerância é grande.

Agora, se estes aparelhos se envolverem nas larvas que geraram e atraíram os "executores da chamada quimbanda", os **quiumbas** e outros que passam a dominá-los em nome de "Caboclo fulano e pai sicrano"... bem, isso são os efeitos que não demoraram tanto quanto não eram esperados...

Somente os que Têm a felicidade de lidar em uma **verdadeira Casa Umbandista**, anos após anos, podem aquilatar o maravilhoso processo de soerguimento moral-espiritual das criaturas que por ali acorreram.

É este o processo que se traduz na sutileza dos esclarecimentos, quando estes Caboclos e Pretos-Velhos o fazem, daquela forma peculiar de dizer as palavras pelo "linguajar" que varia com a tônica própria aos **entendimentos** de cada um.

Ah! Bendita tolerância! Oh! Admirável compreensão esta, que se apresenta na paciência com que escutam, às dezenas, todas as noites, o mesmo desfile de "casos e coisas", sob os mais variados e absurdos aspectos, exteriorizando desde o mais "terra-a-terra", às mais dolorosas condições morais que os humanos Seres revelam, na ânsia que a ignorância e o egoísmo produziu.

Fogem à análise do observador comum, as angústias e os dramas que estes trabalhadores da seara umbandista apascentam! Com que tino e sabedoria eles agem! O papel deste Guias e Protetores da Lei de Umbanda é o inverso daquele que nós, na certa, recusaríamos, se chamados a lidar com as mazelas dos que vivem à margem da sociedade, não como criminosos, mas como "deserdados da sorte". Por certo não saberíamos lidar com eles! Quando não, olharíamos com piedade, indiferença ou revolta, e não os toleraríamos por muito tempo.

Este exemplo é, porque serve para relacionar, pelo panorama, os que **vivem à margem da própria consciência** e que encontram na Umbanda o conforto e comprensão para seus males físicos e morais.

E estas Entidades da Lei de Umbanda assim procedem, recebendo o "depósito humano" (perdoem esta comparação) dos **casos e coisas** que, pela variação de interesses e do alcance dos que pedem, indica precisamente o termômetro dos retardados, quer pelo aspecto simples — da pura ignorância — quer pelo aspecto difuso, consciente, dos frios e calculistas, ambiciosos e desregrados, que buscam e vêm na Umbanda a dita "Quiumbanda", para servi-los em seus interesses escusos...

É preciso discernir entre a ignorância simples e a suposta ignorância dos eternos fariseus de todos os tempos: estes sabem, conscientemente, o aspecto do que se diz como certo e errado. Apenas seus estados de consciência embotaram... e é por isso que os "Caboclos e Pretos-Velhos" trabalham; porque eles também sabem o que está acontecendo e o que acontecerá. Porque foi, durante este fim de ciclo, que AS PORTAS DE REENCARNAÇÕES se abriram para as HOSTES BESTIALIZADAS, sedentas de gozos materiais, que se chafurdaram tanto nas sensações instintivas facultadas pela matéria carne, se insensibilizaram tanto, que suas consciências se "perderam" no lodaçal das paixões do vil metal...

A estas Hostes Bestializadas foi dada esta oportunidade de despertarem ou se emendarem. No entanto, esta oportunidade está **limitada a este fim de ciclo**; não é mais possível contemporizar, segundo nos revelam as Entidades de acordo com as paralelas carmânicas do Equilíbrio da Lei, expressa pela vontade das Hierarquias Constituídas, a fim de não retardarem a evolução das outras coletividades, que avançam nas Linhas de Ascensão, para o ponto de superação do carma inerente ao plano Terra...

É de notar que estas hostes bestializadas e impuras tudo farão para exteriorização de suas tendências ou desejos e, naturalmente, inúmeros sofrerão o impacto e a conseqüente influência delas... "Sede firmes na autovigilância", eis a regra da defesa. Todo cuidado para aqueles que já se situam num estado de consciência "limpo" é pouco. Serão submetidos, pela onda das influências, às maiores tentações e provas.

Estes seres bestializados, não obstante serem nossos irmãos em Deus-Uno, se revelarão, ora como políticos, ora como homens de indústria, de comércio, de negócios diversos, até como "profetas", bem como religiosos amordaçadores do pensamento — de lábios finos, faces duras, olhos frios, rezando e pregando mecanicamente em nome do "deus-criador" e do Cristo que pensam vender por trinta dinheiros... ora como "médiuns" maravilhosos fazendo milagres, e também como cientistas surgirão em todas as camadas sociais, incrementando a prostituição, no desregramento moral, pela atuação na mocidade, deturpando-lhes os costumes.

Eles já devem estar por aí, gerando direta ou indiretamente, os lupanares, "os vícios elegantes".

Enfim, a par com a precipitação da Espiritualidade, tudo isso está acontecendo, pois estamos no fim de um ciclo sombrio.

E é exatamente, em relação ao exposto, que as Entidades militantes — estes espíritos que se "escondem" nas forma de "Caboclos e

Pretos-Velhos" — exaltam o amor ao Cristo (o nosso Oxalá), para podermos realizar o **Cristo em nós**, pois este Cristo que tanto veneramos na Umbanda, como Oxalá ou Jesus, não é monopólio de nenhuma religião, sendo como foi, e é, o símbolo do Amor-renúncia, para toda a Humanidade...

É por isso que nossos Guias e Protetores nos demonstram a necessidade de voltarmos à nossa "individualidade" virginal, que nós, como espíritos, tornamos distinta, quando nos identificamos como **unidade simples,** o um ou "ego" individualizado, pois teremos que ir desprezando esta distinção, sobrepujando aspectos, a caminho da **Fonte Imanente**, não para nos fundir, desintegrando a nossa consciência no Todo: mandam que tenhamos em mente a integração da verdadeira Unidade de Consciência, para nos podermos ir "despindo" de individualidade ou personalidade, da maneira como as distinguimos... isto é, até não existir mais a necessidade de ser "coisa alguma" — anular todos os caracteres do egocentrismo...

...Todos esses aspectos da doutrina da Lei de Umbanda, bem lidos e meditados, pelos irmãos umbandistas sinceros e que realmente querem achar ou que já acharam o **caminho**, servirão de apoio às suas convicções, seus conhecimentos, para elucidarem mais ainda aos que, umbandistas ou não, procuram ou se interessam pelos fundamentos reais de nossa Corrente Astral de Umbanda...

SEGUNDA PARTE

A MEDIUNIDADE... A VERDADEIRA MEDIUNIDADE NA CORRENTE ASTRAL DE UMBANDA. OS PERIGOS DAS "INICIAÇÕES" OU DAS "FEITURAS DE CABEÇA". A "MULHER BABÁ" EM FACE DAS ORDENAÇÕES DA LEI DE UMBANDA. O MODELO DE INSTRUÇÕES GERAIS DE CONDUTA MORAL, ESPIRITUAL E FÍSICA PARA MÉDIUNS OU INICIANDOS DA CORRENTE ASTRAL DE UMBANDA. O MODELO DE DISCIPLINA INTERNA. O ROTEIRO PARA SE PROCESSAR UMA SESSÃO DE UMBANDA CORRETAMENTE

A mediunidade de fato existe? Sim! Existe e sempre existiu desde que o homem é criatura e criatura é homem e mulher...

Atestam ou dão testemunho disso os mais antigos livros sagrados de todos os povos ou raças, inclusive a Bíblia com seu Velho e Novo Testamento. Apenas, foi Allan Kardec quem popularizou esse assunto através de suas conhecidíssimas obras, ditas como codificadoras da doutrina dos espíritos, ou seja do Espiritismo propriamente dito, como ficou denominado, posteriormente...

Tanto é que, sobre esse tema de mediunidade e suas manifestações, já se tem gasto milhares e milhares de litros de tinta, para milhões de palavras, na incessante repetição dos mesmos ensinamentos, pelos mesmos fenômenos através de uma fartíssima literatura de cunho espírita ou espirítico, espiritualista, doutrinário etc., literatura essa — repetimos — que vem reafirmando, ensinando os mesmos ângulos e de tanto **"doutrinar" a coisa** conseguiu estabelecer como regra "indiscutível que: "todos nós somos médiuns, dessa ou daquela forma" etc ...

Mas, sobre quais argumentos, sobre quais pontos ou ensinamentos fundamentais, toda essa literatura de Kardec se baseou para ter criado a citada regra?

Agora somos nós que afirmamos: indiscutivelmente, sobre os próprios ensinamentos do **codificador do espiritismo**... e que no seu **Livro dos Médiuns** (21ª edição, de 1951, da F. Espírita Brasileira) à pag. 166 — capítulo XIV — "Dos Médiuns", que diz textualmente: — *"Todo aquele que sente, num grau qualquer, a influência dos Espíritos é, por este fato, médium. Essa faculdade é inerente ao homem; não constitui, portanto, um privilégio exclusivo. Por isso mesmo, raras são as pessoas que dela não possuam alguns rudimentos. Pode, pois, dizer-se que todos são mais ou menos médiuns. Todavia, usualmente, assim só se qualificam aqueles em quem a faculdade mediúnica se mostra bem caracterizada e se traduz por efeitos patentes, de certa intensidade, o que não depende de uma organização mais ou menos sensitiva"*...

Aí está a coisa — o cavalo de batalha... daí é que surgiu ou que arquitetaram a regra e por aí mesmo cai a dita regra...

Que foram esses os principais ensinamentos de Kardec que deram margem a uma dupla interpretação por parte dos interessados e dos apressados, não temos a menor dúvida, pois pesquisamos a dita coisa e chegamos a essa conclusão.

São palavras, são frases que foram ou que estão coordenadas, parece que a dedo, a fim de expressarem: sim, é, não é, pode ser, pode não ser, tanto é, como não é etc...

Vejamos em ligeira análise. Diz Kardec, logo de início: *"todo aquele que sente, num grau qualquer, a influência dos espíritos é, por esse fato médium"*... Notem: pelo simples fato de se receber, de alguma sorte, a influência dos espíritos ou dos "mortos", Kardec diz que a pessoa é um médium, isto é, **veículo dos espíritos** no conceito

MISTÉRIOS E PRÁTICAS DA LEI DE UMBANDA

fundamentado do termo... será possível que Kardec tenha concebido e escrito isso mesmo?

E continua dizendo mais que, *"essa faculdade é inerente ao homem, não é privilégio exclusivo"*, por isso mesmo, raras são as pessoas que dela (da faculdade) não possuam alguns rudimentos... *"e por isso mesmo, pode pois dizer-se que todos são, mais ou menos, médiuns"*...

De dentro dessa afirmação teórica — do "pode-se dizer", do "mais ou menos", foi que se **extraiu a concepção** de "todos nós somos médiuns" e firmaram a regra que vem confundindo e prejudicando mais do que qualquer outra coisa mesmo, quer ao Espiritismo propriamente dito, quer às pessoas que seguem apressadamente essa regra...

Porque — incrível que pareça, não cresceram a visão, não se demoraram sensatamente na interpretação correta que o mesmo Kardec deu, logo abaixo. Veja-se como a coisa está clara (ou Kardec, aí, pôs o dedo na consciência ou essa tradução do original francês está dúbia ou ajeitada) nas próprias palavras do Codificador. Diz ele: *"Todavia, usualmente, assim só se qualificam (como médiuns — veículos dos espíritos, é claro) aqueles em quem a faculdade mediúnica se mostra bem caracterizada e se traduz por efeitos patentes, de certa intensidade, o que não depende de uma organização (quer dizer, de um organismo especial) mais ou menos sensitiva"*...

Para que definição mais clara, mais precisa do que essa? E por que será que quase ninguém se baseou, se fundamentou nela (nesta) para doutrinar sobre os verdadeiros aspectos da mediunidade? Conveniências doutrinárias? Interesses diversos em jogo? Não contrariar aspectos ou o tabu da regra já cimentada através de toda uma literatura de imensa influenciação? Quem sabe...

O fato inconteste é que a observação, a análise fria, serena, sobre as práticas mediúnicas, seja de qual corrente for, revelam precisamente isso que Kardec diz no fim e que deve ser interpretado corretamente assim, pois suas palavras são claras a esse respeito: ser médium de fato — aquele que é, de verdade, um veículo dos espíritos —

não é coisa comum; é até certo ponto uma faculdade difícil de encontrar nas humanas criaturas...

Porque — milhares de pessoas, muita gente tem sido **atuada** ou sofrido a atuação dos espíritos, das almas dos "mortos", sem que, com isso, tenha ficado claro, patente, serem médiuns, veículos dos mesmos espíritos...

Porque — receber a influência dos espíritos, das almas dos mortos, todo mundo pode receber e recebe desde o princípio do mundo, sem que, com esse fato, tenham revelado caracteristicamente a faculdade mediúnica ou o dom positivo de ser veículo dos citados espíritos...

Porque — milhares de pessoas têm desfilado, freqüentado até assiduamente, as correntes mediúnicas de Tendas, Centros e "terreiros" a fim de desenvolverem e acabaram desistindo dessa finalidade, porque nada sentiram dos espíritos, que pudessem sensatamente atribuir a fluidos medianímicos etc...

Pessoas autorizadas, sensatas, observadoras, que não se pautam dentro de uma certa linha de interpretação doutrinária exclusivista, já reconheceram essas verdades e, para não irmos muito longe, vamos apenas citar a palavra do Sr. Edgar Armond, considerado um luminar, uma autoridade, na corrente espiritista dita como de Kardec, sobre o assunto, pois foi um dos que reconheceu a fragilidade da **tal regra** do "todos nós somos médiuns" etc., segundo se infere do que está escrito em seu livro Mediunidade, à pág. 132...

Diz ele ao reconhecer que os médiuns de primeira categoria, isto é, os médiuns de fato, são muito raros: *"Hoje em dia o número de perturbados é imenso com tendência a crescer e não se erra muito ao dizer que 90% das perturbações são de fundo espiritual, 10% representando mediunidade a desenvolver"*... e acrescenta mais essas provas para robustecer o dito: *"Na Federação Espírita do Estado, já muitos anos procedemos a esses exames e verificamos que é muito alto o número de perturbados em relação ao de médiuns amadurecidos. Basta citar o ano de 1949 durante o qual foram examinados 9.600 perturbados, havendo somente 288 casos em que se trata-*

va de mediunidade a desenvolver. Convém, porém, esclarecer que na maioria das perturbações há sempre um fundo mediúnico e que, passando o período da cura espiritual a que devem ser todas elas submetidas, deve-se fazer novo exame para ver se há realmente mediunidade a desenvolver".

Cremos que, diante do que expusemos ligeiramente, não há dúvida mesmo quanto à existência da faculdade mediúnica, em qualquer um, seja branco, seja preto, chinês, francês, brasileiro etc., isto é, qualquer pessoa pode ser portadora do dom mediúnico, sem que com isso se entenda que todas as pessoas tenham a faculdade mediúnica em estado latente, é só desenvolver...

Não! O dom, a faculdade mediúnica é uma condição especial que é conferida, dada a muitas pessoas, mas não a todas as pessoas.

Expusemos esses fatores, para que o instrutor, o médium-chefe, o dirigente de Tenda ou Terreiro, possa ficar bastante consciente dessa situação, a fim de que não contribua para o aumento progressivo do animismo, da auto-sugestão e até mesmo para a mistificação...

Assim, vamos falar da mediunidade na Corrente Astral de Umbanda... dentro do que há de mais sério, de mais verdadeiro e deixemos de lado os aspectos negativos, próprios das humanas criaturas ou... de suas ignorâncias.

Comecemos por definir, a nosso jeito, o que é um médium... O médium além de ser "um mediador entre os homens e os espíritos, um veículo dos espíritos etc.", é, incontestavelmente, uma criatura dotada de faculdades supranormais... É uma criatura anormal, se compreendermos nesse termo, não o sentido de anormalidade mental, como distúrbio ou desequilíbrio, mas, sim, do puro sentido da criatura que, por força de faculdades extraordinárias, especiais, entra, constantemente, dentro de condições psico-astrais, neurossensitivas, emocionais, e até orgânicas ou físicas, diferentes das comuns etc.

O médium é portanto, uma pessoa dotada de condições psiconeurossensitivas tais, que o faz vibrar sempre de forma diferente dos outros ou da forma considerada como "a de encarar as coisas, de sentir certos aspectos da vida, certas condições humanas, dentro das atitudes comuns às outras pessoas"...

O médium de fato é, indubitavelmente, uma criatura que precisa ser cercada de cuidados especiais, sobre todos os aspectos, inclusive o da educação moral-mediúnica, para que ele possa, realmente, chegar a exercer regular e proveitosamente o seu dom, ou seja, as suas faculdades **supranormais**.

É preciso não esquecermos que o dito médium está sujeito a toda sorte de influenciações ou vibrações, quer mentais ou de sobrecarga de pensamentos exteriores, quer espiríticas-astrais e cósmicas propriamente ditas, pois mesmo que ele seja ou esteja dentro da pura condição mediúnica de ser um aparelho de simples incorporação dos espíritos, nunca uma faculdade vem restrita a ela mesma, sempre se faz acompanhar de uma outra faculdade qualquer e geralmente o sensitivo do médium entra em atividades extraordinárias.

Ele é um ímã, uma antena, mormente se está na condição de um carma probatório — que é o caso da maioria dos médiuns, os quais não têm ou lhes custa adquirir as forças de autocontrole, autodefesa etc. Somente os médiuns de carma evolutivo e missionário, como iniciados que já são, estão dentro dessas condições positivas, que adquiriram através de um longo processo de maturação espiritual... No entanto, também não estão livres de certos impactos, apenas têm os elementos próprios para uma pronta reação.

Há de se reconhecer por tudo isso que, se o médium está sujeito a essas injunções, próprias de sua natureza mediúnica, não deixa de estar também, sob a constante atenção de seu mentor ou guia espiritual, sempre disposto a ajudá-lo e a livrá-lo das influenciações exteriores dos ataques do astral etc., desde que mantenha a linha justa ou a moral mediúnica indispensável às boas relações entre ele — o médium — e o seu guia ou protetor espiritual...

Então se o médium tem, de fato, os positivos contatos de suas entidades protetoras, porque segue a linha justa dentro da moral mediúnica, mesmo que sua mediunidade seja de reajustamento ou res-

MISTÉRIOS E PRÁTICAS DA LEI DE UMBANDA 79

gate de seu carma probatório, "não há lágrimas", sofrimentos, não há embaraços ou distúrbios espiríticos astrais decorrentes ou por força do exercício de seu dom ou de suas faculdades...

Assim é que, tudo para ele vai-se transformando em paz, em satisfações e a sua mediunidade passa a ser o seu Caminho de Luz Redentora, passa a ser o bálsamo maravilhoso que está curando, sanando ou amenizando todas as suas mazelas cármicas, porque ele — o médium —, entrando na faixa vibratória da Lei do "quem semeia colhe" e do "dando é que recebemos" etc., pois que se presta ao exercício de sua mediunidade, com toda boa vontade, cooperando mesmo com suas próprias forças ou conhecimentos como um acréscimo, ele se eleva ao merecimento de receber as correspondentes condições positivas, por tudo que fez e faz... porque essa é a eterna lei da recompensa... espiritual ou divina.

Então, tudo isso que expusemos acima, bem lido e meditado, podemos ressaltar agora a maravilhosa condição de ser médium da Corrente Astral de Umbanda, ou seja, ser um veículo desses tão decantados Caboclos, Pretos-Velhos etc... sem querermos com isso desmerecer, nem por sombra, os médiuns cuja faixa vibratória ou afim os situam em outras correntes etc.

Sabemos que ser um verdadeiro médium de Umbanda não é um atributo fácil de ser identificado nas pessoas. Dizemos assim, por experiência própria e, sobretudo, porque temos levado a nossa vida estudando e pesquisando esse assunto. Sabemos ainda, por força dos ensinamentos de nossas entidades mentoras, que entre 100 espíritos que vão encarnar (no Brasil) portando um dom mediúnico qualquer, apenas um vai exercer esse dom, diretamente, na corrente Astral de Umbanda... isso num simples exemplo de relação...

Não queremos dizer com isso, que pelo fato de uma pessoa ser médium ou veículo de um Caboclo ou Preto-Velho, etc. esteja isenta das injunções de seu carma, isto é, que a proteção de uma entidade espiritual possa afastar dessa pessoa — desse médium — todos os seus reajustes cármicos, com tal ou qual sofrimento, provas, etc. Não!

Mas que essas entidades protetoras do médium, em face de sua conduta digna, elevada e de grande boa vontade no exercício honesto da mediunidade, em prol da caridade, têm conseguido obter nos Tribunais do Astral muitas isenções cármicas para seus aparelhos, isso podemos garantir. Nós temos provas pessoais disso...

E depois, quando se têm de fato os contatos positivos desses preciosos irmãos do astral e se faz, por via deles, muitos benefícios, a criatura-médium passa a viver cheia de satisfações interiores, dentro de um estado d'alma sereno, confiante, sem falar de muitas outras condições que eles podem proporcionar.

Consideramos, portanto, altamente confortador, ser um médium de Caboclo ou Preto-Velho — desses verdadeiros amigos, que nos amparam por baixo e nos esperam em cima, quando desencarnamos, sempre de braços abertos...

E a prova irrefutável disso tudo que estamos afirmando, podemos dar agora mesmo, no simples fato verificável de que "todo mundo" quer ser médium na Umbanda, quer receber espíritos de Caboclos, Pretos-Velhos, etc.. Fazem questão, vivem "desenvolvendo" — a maioria, tão-somente com essa única finalidade... e por quê? Porque eles sabem que é uma verdade isso que afirmamos acima. Consideramos também uma verdadeira desgraça, quando um médium de Caboclo ou Preto-Velho perde a sua proteção por erros ou repetição de erros, isto é, por causas morais.

Os médiuns de Umbanda e em outras correntes, também, costumam cair ou baquear por três coisas: — excesso de vaidade, ambição pelo dinheiro fácil facultado pelo mau uso da mediunidade e SEXO, ou seja, pelas ligações amorosas com o elemento feminino na DEPENDÊNCIA dos terreiros — deles, médiuns...

Temos observado, verificado mesmo, que muitos médiuns dentro do 1º e 2º caso, costumam voltar à linha justa, depois de convenientemente disciplinados pelos seus protetores. Para uns, apenas alguns trancos duros os consertam; para outros faz-se necessário severos castigos, etc., para se reintegrarem e finalmente receberem o perdão, visto terem deixado de lado tanta vaidade oca e prejudicial e tanta ambição pelo dinheiro fácil, "do santo".

Porém, para este 3º caso, o perdão — salvo condições excepcionalíssimas — é difícil, é raro... quando, por via das condições excepcionais em que aconteceu o erro, alguns têm sido perdoados de conseqüências maiores, mas uma coisa é certa: — geralmente são abandonados pelos seus protetores, isto é, "o Caboclo, o Preto-Velho" não volta ao exercício mediúnico com eles — os médiuns que decaíram pelo sensualismo, pelo desrespeito às coisas espirituais de seus terreiros ou de seus "congás" e, portanto, sagradas...

Não adianta a esses tais "médiuns decaídos" quererem empurrar, teimosamente, nos outros, "o seu Caboclo, o seu Preto-Velho"... uma mancha negra persegue-os, não se apaga, ninguém se esquece do caso e, no fundo, ninguém acredita neles e mesmo os de muita boa vontade, acabam sempre duvidando de suas "mediunidades, de seus protetores", etc. ...

Sabemos que a maior regra, a maior força que existe para um médium segurar por toda sua vida terrena a proteção de suas entidades afins, é a sua conduta reta em todos os setores, é a sua MORAL, especialmente no seio familiar...

E como estamos falando da mediunidade na Umbanda, é claro que temos de abordar, também, certos ângulos da Iniciação, desenvolvimentos, preparos etc...

Comecemos por definir o seguinte: — "ninguém, nenhum babalorixá, tata ou médium-chefe" por mais forte que seja, "bota um espírito na cabeça de ninguém, isto é, ninguém faz cabeça de ninguém... mormente no sentido de implantar um dom mediúnico.

A faculdade mediúnica é de fato, um dom, uma outorga que a criatura tem de berço, ou seja, traz ou trouxe consigo do astral, antes de encarnar — vem com esse compromisso e para isso é necessário que se tenha submetido às indispensáveis adaptações energéticas em seu corpo astral, a fim de que, quando ligado à natureza humana, esse dom, essa mediunidade, encontre as condições apropriadas para se manifestar, se revelar no devido tempo.

Então — para que desenvolver? para que a Iniciação? Esclareçamos...

Ninguém entra em desenvolvimento mediúnico para "desenvolver" uma faculdade que não tem, porque não trouxe como um atributo de seu carma, na encarnação do momento...

Ninguém "desenvolve" mediunidade sem que a tenha de fato e de berço... e se alguém a tem, comprovadamente, então deve desenvolvê-la, isto é, deve adquirir conhecimentos, deve criar maiores ou melhores condições psíquicas, orgânicas etc., para sustentá-la, para fortalecê-la, a fim de que os espíritos possam usar essa mediunidade, com mais segurança, e trabalhar com maior proveito para todos, num maior campo de ação...

É isso que entendemos e sabemos ser a realidade... pois o desenvolvimento do médium, próprio da corrente astral de Umbanda, implica diretamente no que se pode entender ou qualificar como iniciação...

Porque, a par com as manifestações sistemáticas de seus protetores ou guias — do médium, é claro — ocorre, em relação com isso, uma série de ligações, fixações e movimentações extraordinárias de elementos e forças de tal natureza, que se impõe esse desenvolvimento, essa iniciação...

Então, a iniciação na Umbanda existe como corolário da função mediúnica, como uma necessidade que se impôs, para sustentáculo do dom ou das faculdades mediúnicas espontâneas... e mesmo por causa dessas fixações, desses movimentos com determinadas forças, etc....

Mas, pela ordem natural da Corrente Astral de Umbanda, quem faz os iniciados ou iniciandos é a Entidade Espiritual — Caboclo ou Preto-Velho — que incorpora no médium ou mesmo que o assiste através de uma faculdade mediúnica qualquer, comprovadamente, ou então, esse mesmo médium, se ele tem ordens e direitos de trabalho, dados pelo ASTRAL que o assiste. Em suma: — se o médium for iniciado pelo astral, ele pode botar a mão na cabeça de outros mé-

MISTÉRIOS E PRÁTICAS DA LEI DE UMBANDA

diuns, prepará-los, desenvolvê-los, educá-los, iniciá-los, sacramentá-los e transmitir as ditas ordens e direitos de trabalho sobre eles...

Fora disso, o mais é pura TAPEAÇÃO...

Nós já demonstramos em nossa obra *Umbanda de Todos Nós*, 7º capítulo, da "Iniciação na Lei de Umbanda", como são as fixações e preparações, de ordem magística superior, numa verdadeira Escola de Iniciação Umbandista...

Demos regras e elementos de afirmações, próprios aos chamados de "amacys", a fim de que os iniciados ou médiuns — umbandistas pudessem segui-los, para não caírem ou se perderem no cipoal das confusões reinantes, muitas das quais, oriundas das chamadas iniciações dos "candomblés", com seus "aliaxés ou camarinhas".

Fizemos isso para demonstrar a diferença que existe entre a iniciação da Umbanda e a Iniciação dos ditos cultos africanos e, sobretudo, apontando o caminho certo aos que tendiam a se transviar... para muitos chegou a tempo...

Na chamada iniciação dos "candomblés", a iaô (pessoa iniciada) tem que levar pelo menos 7 anos em preparo. Antes disso não pode fazer ori, isto é botar a mão na cabeça de ninguém.

Durante esses 7 anos a iaô foi submetida a uma séria aprendizagem, abrangendo o conhecimento sobre as ervas dos "amacys", as rezas, as danças de orixás, as obrigações, os despachos etc.... Temos que frisar que a pessoa só é iniciada mesmo — iaô, quando faz o seu "aliaxé ou camarinha", acontecimento esse que se alia imediatamente ao sacrifício (matança) de animais de 2 a 4 pés, para o tal "orixá" a quem se vai votar. Portanto, nesse ato "sagrado" há sangue, há agonia, se tira a vida de um ser, animal, mas vivente...

São essas coisas que fazem ainda, e infelizmente, grande confusão no meio umbandista... porém, conforme já dissemos atrás sobre iniciação na Umbanda, essa é completamente diferente em seus aspectos essenciais.

No ato da iniciação ou batismo de Lei (conforme é denominado pelas entidades), não há sangue, não há matança, não há agonia para sagrá-lo... não podemos calcular precisamente, mas os nossos irmãos dos "candomblés" ou dos cultos africanos devem estar com um atraso mental mais ou menos de uns 4.000 anos, em suas práticas, relativas a essa questão...

E é por causa dessas coisas que nos vêm desses cultos, desse aparelhamento todo, que surgiram os intrujões — pessoas sabidas, inescrupulosas que exploram o meio umbandista ingênuo, "fazendo cabeça, com obi, orobô, camarinha" e outras coisas mais que não podemos citar aqui... a peso de ouro. Sabemos de pessoas, até com certa cultura, que vão à Bahia "fazer cabeça", "botar o santo", etc... porque não têm confiança nos pais-de-santo daqui, das terras cariocas...

E ainda para complicar mais essa situação, de uns anos para cá, proliferou, cresceu assustadoramente as "mães-de-santo", as "babás de terreiro", pelos quatro cantos de nosso Brasil — Pátria do Evangelho — Coração do Mundo!

Mas, complicou, por quê? Ora, porque...

Quem já viu em alguma ordem esotérica, iniciática, religiosa etc., a mulher iniciar, sagrar, sacramentar homens?

Pois bem — parece incrível, mas existe por aí, para todo mundo ver: — "na ordem reinante e atual da maioria dos terreiros, quem está fazendo a "cabeça de santo" dos homens, quem está fazendo "filhos-de-santo" a granel, são as babás MULHERES, as modernas "Yalorixás"...

Irmãos Umbandistas, vocês estão cegos!...

A mulher — o elemento feminino — é tudo que há de bom; é mãe, é esposa, é tudo aquilo que há de sublime, de acordo com a natureza!

Mas não se pode nem deve **INVERTER** a ordem natural das coisas divinas, mágicas, astrais, fenomênicas.

Enfim, não se pode **inverter** a lei que rege os Princípios e as Forças em **AÇÃO**...

MISTÉRIOS E PRÁTICAS DA LEI DE UMBANDA 85

Vejam como simples exemplo, na igreja Católica Apostólica Romana, que o Papa, o Cardeal, o Bispo, o Padre, o Frade etc., enfim, as pessoas que têm FUNÇÃO de ordenar, sagrar, sacramentar, preparar, iniciar etc., SÃO SEMPRE HOMENS e não **mulheres**...

Então, porque vocês se entregam por aí, nesses terreiros, às "babás-mulheres", deixando que elas façam as "suas cabeças com o santo"?... Mesmo que elas estejam com o "santo delas na cabeça", não é da Lei da Corrente Astral de Umbanda estender esse atributo sobre o elemento feminino. Elas andam fazendo essas **coisas**, ou por ignorância, por esperteza ou ousadia.

Olhem — atentem a isso — tem ciência, tem fundamento...

Toda pessoa tem a sua força vital, sua vibração magnética, *sintonizada* com a sua própria natureza sexual — ativa ou passiva, o masculino ou o feminino. Isto é uma das maiores verdades ou regras da Lei que rege a Magia...

Ora, se uma pessoa de natureza sexual feminina — uma mulher — tem sua própria vibração sintonizada de acordo com sua natureza passiva, úmida, esquerda, lunar, etc., tudo que for dela, no que ela tocar, vestir, conviver, seja lá o que for, tem, forçosamente, que se ir **impregnando** ou se impregnar das vibrações próprias à sua natureza sexual feminina...

Tudo que estiver na dependência dela, da pessoa de natureza sexual feminina, passa a sofrer sua influência e no que ela **vibrar diretamente**, vai-se harmonizar com a **qualidade** vibratória de seus fluídos magnéticos...

Então como se admitir que a mulher, dentro de sua natureza sexual passiva, úmida, esquerda, lunar, possa transmitir poderes sobre uma força sexual ativa – o homem, se é ela quem recebe desse princípio ativo, masculino, direto, solar, o comando vibratório e energético que fecunda sua natureza de mulher?... (Isso é magia, é Umbanda... não é espiritualismo abstrato).

Então a mulher seja ela sacerdotisa, Iniciada, de qualquer Escola ou Religião, jamais recebeu a OUTORGA, jamais recebeu o dom de comando para Iniciar os VARÕES... também, na Lei de Umbanda, não consta que ela tenha recebido essa outorga, esse comando...

Irmão umbandista! A mulher pode ser médium tão bom quanto você... seus serviços na Seara do Cristo é tão importante quanto o seu. Ela é tão necessária no terreiro quanto você... o que estamos dizendo é que ela não tem comando para fazer a iniciação de varões...

Irmão umbandista, saiba que a Corrente Astral de Umbanda está se adiantando a passos largos na frente de outras correntes. Tudo na verdadeira Corrente Astral de Umbanda é ciência, é magia, é fenômeno etc.... e sobretudo não se esqueça de que toda sua parte fenomênica mediúnica, ou está intimamente entrelaçada com as forças mágicas ou com a MAGIA... então...

Saiba que, quem comanda, quem define a qualidade do sexo é você, com seus cromossomos Y e X.

Saiba que a LUA domina nas suas quatro fases o fluxo sangüíneo (menstrual) da mulher e que basta ela entrar na influência de sua fase lunar, para que sua natureza entre num aspecto altamente negativo, para efeito vibratório medianímico e de magia... e se durante essa fase ela lhe botar as mãos em cima ou "fizer qualquer afirmação em sua cabeça", sua aura, seu plexo coronal, sua glândula pineal, ou mesmo sua neuripófise ficará impregnada do seu magnetismo reinante por efeito dessa fase e suas forças se ressentirão, pode haver até desequilíbrios... mediúnicos e de personalidades.

Cremos que estamos dizendo tudo aquilo que devia ser dito. Em absoluto, estamos, nem por sombra, querendo diminuir, desfazer ou mesmo bancar o "antifeminista". Longe disso. Ninguém dá mais valor à mulher do que nós! Porém, dentro de sua natureza, com suas atribuições, com suas condições próprias...

E é por tudo isso que viemos expondo que a mediunidade na Umbanda assume proporções surpreendentes, mormente quando se sabe que o povo, a massa, sente uma irresistível atração pela apresentação exterior dos terreiros, com seus "Caboclos de penachos", suas médiuns dançando, batendo palmas etc.

MISTÉRIOS E PRÁTICAS DA LEI DE UMBANDA

E é ainda em face desses aspectos negativos todos, que o animismo das ingênuas criaturas "forjam", criam seus protetores, seus guias, etc...

Mas a mediunidade existe mesmo e se processa assim mesmo, isto é, por dentro disso tudo, nas tendas, nos terreiros, etc.

Agora, dado as condições espirituais e evolutivas dessa massa, dessa corrente humana, a faculdade mediúnica que está sendo mais posta em uso pelas entidades Caboclos e Pretos-Velhos é a de incorporação, ou seja, a mecânica de incorporação, que entrosa duas fases: a semi-inconsciente e a inconsciente (mais rara).

Devemos frisar que essa mecânica de incorporação (a inconsciente) tem sido mais utilizada sobre os aparelhos de carma probatório, dado mesmo as suas condições espirituais bastante deficientes. Todavia, todas as demais faculdades ou dons ou modalidades mediúnicas têm seqüência, têm campo de aceitação e ação na Umbanda...

Sabemos mesmo positivamente, que as nossas entidades no grau de Guias não gostam de utilizar a mecânica de incorporação. Escolhem mais, os médiuns de carma evolutivo ou missionário para agirem através dos dons da intuição, da vidência, da clarividência e sobretudo, através da mais rara de todas as faculdades mediúnicas — a Sensibilidade Astropsíquica. Denominamos assim a um dom mediúnico que se manifesta com apurada sensibilidade no médium e por via do qual, ele sente, pressente, recebendo as impressões, quer dos espíritos, quer dos ambientes, de tal maneira, que jamais se engana com a natureza dessas coisas: se é positivo ou negativo, ele sabe logo. A par com isso ele tem comunicações em forma de mensagens telepáticas ou conversações auditivas, tudo sob uma certa forma de clarividência extraordinária, que se revela, apresentando em sua visão mental os quadros ou imagens do que está acontecendo ou vai acontecer etc... quadros e imagens mentais esses, que ele médium, descreve como se estivesse vendo mesmo com seus olhos físicos...

Assim é a mediunidade (e as coisas que acontecem no meio) e os médiuns de fato, da Corrente Astral de Umbanda.

E como todas essas partes não ficariam entrosadas sem certas regras complementares para os médiuns ou iniciados de nossa Umbanda, eis, a seguir, instruções de alto valor em três ângulos: um modelo de instruções gerais de conduta etc., um modelo de disciplina interna para os médiuns e um roteiro para processar uma SESSÃO CORRETAMENTE, sabendo-se que sem um RITUAL condigno, nada dá certo numa sessão ou nos trabalhos espiritual-mediúnicos...

Importante: — depois que o Dirigente ou Médium-chefe ou o instrutor de Tenda, Centro ou Terreiro se tiver inteirado desses TRÊS ÂNGULOS, pode-se preparar para tomar contato com o "ADENDO ESPECIAL". Nada adiantaremos mais sobre ele. Está completo e vai falar por si mesmo... em suas páginas...

MISTÉRIOS E PRÁTICAS DA LEI DE UMBANDA

MODELO DE INSTRUÇÕES GERAIS DE CONDUTA MORAL, ESPIRITUAL E FÍSICA DOS MÉDIUNS OU INICIANDOS DA CORRENTE ASTRAL DE UMBANDA

1) Manter dentro e fora da Tenda, isto é, na sua vida espiritual ou religiosa particular, conduta irrepreensível, de modo a não suscitar críticas, pois qualquer deslize neste sentido irá refletir na sua Tenda e mesmo na Umbanda, de modo geral.

2) Procurar instruir-se nos assuntos espirituais elevados, lendo o Evangelho do Cristo Jesus e outros livros indicados pela Direção Espiritual da Tenda, bem como assistindo palestras nesse sentido.

3) Conservar sua saúde psíquica, vigiando constantemente, o aspecto moral.

4) Não alimentar vibrações de ódio, rancores, inveja, ciúmes ou qualquer sentimento ou pensamento reconhecidamente negativo.

5) Não falar mal nem julgar a alguém, pois não se pode chegar às causas pelo aspecto grosseiro dos efeitos.

6) Não julgar que seu protetor é o mais forte, o mais sabido, muito mais "tudo" que o do seu irmão, médium também.

7) Não viva querendo impor seus dons mediúnicos, contando, com insistência, os feitos de seu guia ou protetor. Lembre-se de que tudo isso pode ser problemático e transitório e não esqueça de que você pode ser testado por outrem e toda essa conversa vaidosa ruir fragorosamente.

8) Dê paz a seu protetor no astral, deixando de falar tanto no seu nome, isto é, vibrando constantemente nele. Assim, você está se fanatizando e "aborrecendo" a entidade. Fique certo de que, se ele, o seu protetor, tiver "ordens e direitos de trabalho" sobre você, poderá até discipliná-lo, cassando-lhe as ligações mediúnicas e mesmo infringindo-lhe castigos materiais, orgânicos, financeiros etc. se você for desses que, além de tudo isso, ainda comete erros em nome de sua entidade protetora...

9) Quando for para a sua sessão, não vá aborrecido e quando chegar lá, não procure conversas fúteis. Recolha-se a seus pensamentos de paz, fé e caridade pura para com o próximo.

10) Lembre-se sempre de que sendo você um médium considerado pronto ou desenvolvido, é de sua conveniência tomar banhos de descarga ou propiciatório determinados por seu guia ou protetor. Se for médium em desenvolvimento, procure saber quais os banhos e defumadores mais indicados, o que será dado pela direção da Tenda.

11) Não use "guias" ou colares de qualquer natureza sem ordem comprovada de sua entidade protetora responsável direta e testadas na Tenda, ou então, somente por indicação do médium-chefe, se for pessoa reconhecidamente capacitada.

12) Não se preocupe em saber o nome do seu guia ou protetor antes que ele julgue necessário e por seu próprio intermédio. É de toda conveniência também, para você, não tentar reproduzir, de maneira alguma, qualquer ponto riscado que o tenha impressionado, dessa ou daquela forma.

13) Não mantenha convivência com pessoas más, viciosas, maldizentes etc.. isto é importante para o equilíbrio de sua aura e dos seus próprios pensamentos. Tolerar a ignorância não é compartilhar dela.

14) Acostume-se a fazer todo o bem que puder, sem visar a recompensas.

15) Tenha ânimo forte através de qualquer prova ou sofrimento. Aprenda a confiar e esperar.

16) Aprenda a fazer recolhimento diário, pelo menos de meia hora, a fim de meditar sobre suas ações e outras coisas importantes da sua vida.

17) Não confie a qualquer um os seus problemas ou "segredos". Escolha a pessoa indicada para isso.

MISTÉRIOS E PRÁTICAS DA LEI DE UMBANDA 91

18) Não tema a ninguém, pois o medo é a prova de que está em débito com sua consciência.

19) Lembre-se sempre de que todos nós erramos, pois o erro é da condição humana e portanto ligado à dor, a sofrimentos vários e, conseqüentemente, às lições, com suas experiências... Sem dor, sofrimento, lições e experiências não há Carma, não há humanização nem polimento íntimo. O importante é que não se erre mais, ou não cometer os mesmos erros. Passe uma esponja no passado, erga a cabeça e procure a senda da reabilitação (caso se julgue culpado de alguma coisa), e para isso, "mate" a sua vaidade, não se importe, em absoluto, com que os outros disserem de você. Faça tudo para ser tolerante e compreensivo, pois assim, só boas coisas poderão ser ditas de você.

20) Zele por sua saúde física, com uma alimentação racional e equilibrada.

21) Não abuse de carnes, fumo e outros excitantes, principalmente o álcool.

22) Nos dias de sessão, regule a sua alimentação e faça tudo para se encaminhar aos trabalhos espirituais, limpo de corpo e espírito.

23) Não se esqueça, em hipótese alguma, de que não deve ter relações ou contatos carnais na véspera e no dia da sessão.

24) Tenha sempre em mente que, para qualquer pessoa, especialmente o médium, os bons espíritos somente assistem com precisão, se verificarem uma boa dose de humildade ou de simplicidade no coração. A vaidade, o orgulho e o egoísmo cavam o túmulo do médium.

25) Aprenda lentamente a orar confiando em Jesus, o Regente do Planeta Terra. Cumpra as ordens ou conselhos de seu Guia ou Protetor. Ele é seu grande e talvez único amigo de fato e quer somente a sua felicidade.

26) E finalmente: se você é um irmão que está na condição de Médium-chefe, com toda responsabilidade espiritual do terreiro em suas mãos, convém que se guarde rigorosamente contra a vampirização daqueles que só procuram o seu terreiro e sua entidade protetora para fins de ordem material, pessoal, com casos e mais casos, sempre pessoais... Convém que se guarde, para seu próprio equilíbrio e segurança, contra esses aspectos que envolvem sempre ângulos escusos relacionados com o baixo astral. Isso não é próprio das coisas que se entendem como caridade. Isso é vampirização, sugação de gente viciada, interesseira que pensa ser a Umbanda uma "agência comercial", e o seu terreiro, o "balcão" onde pretendem servir-se através de seu guia ou protetor. Enfim, não permita que o baixo astral alimente as correntes mentais e espirituais de sua Tenda, pois se isso acontecer, você dificilmente se livrará dele – será um escravo...

MODELO DE DISCIPLINA INTERNA PARA OS MÉDIUNS DE UMA TENDA DA CORRENTE ASTRAL DE UMBANDA

1) Todos os médiuns desta Tenda ficam obrigados a comparecer às sessões 20 minutos antes do horário estabelecido para os trabalhos (geralmente 20 ou 20.30h.)

2) É obrigação dos médiuns, ao chegarem à Tenda, dirigir-se logo ao vestiário para não tomar contato com outras coisas ou influências reinantes no momento. E qualquer assunto de ordem pessoal ou administrativo do médium ficará para depois da sessão.

3) Os médiuns não poderão fazer uso dos vestiários para discussões ou comentários diversos, tampouco transformá-los em salão de fumar, etc.

4) Os médiuns ao entrarem no vestiário se obrigam a manter o silêncio necessário, bem como, ao se encaminharem para o recinto do "Congá", devem fazê-lo ainda dentro da mais respeitável atitude, tudo de acordo com o RITUAL estabelecido pela Direção Espiritual da Tenda (obediência rigorosa à Vibração Cruzada), a fim de tomarem os respectivos lugares... À saída também devem obedecer às mesmas condições de disciplina.

5) Os médiuns, em dia de sessão, devem abster-se do uso de qualquer bebida alcoólica, pois se comparecerem sob qualquer efeito negativo resultante disso estão sujeitos a serem excluídos da corrente e até da Tenda.

6) Os médiuns ficam sob a estrita obrigação de comparecerem às sessões sempre higienizados, quer de corpo, quer de roupas, a fim de se porem em harmonia com as entidades que encontram dificuldades em incorporar ou mesmo vibrar corretamente em aparelhos dentro dessas condições, isto é, sem a devida higiene.

7) Fica terminantemente proibido aos médiuns femininos, em dias de sessão ou de trabalhos de caridade, desenvolvimento etc.,

comparecerem com pinturas no rosto, dedos etc. Se, eventualmente, assim acontecer, devem retirar toda a pintura antes da sessão.

8) Os médiuns femininos não devem comparecer ou participar dos trabalhos espirituais mediúnicos no período de sua fase mensal.

9) Fica terminantemente proibido aos médiuns fazerem comentários de menosprezo ou de enaltecimento dos protetores, sejam seus ou de outrem, pelo menos dentro da Tenda, a fim de que sejam evitados vaidades e rancores.

10) O médium que ficar descontente com outro, com a Direção da Casa, ou com o médium-chefe, poderá dirigir queixa ou pedido de esclarecimentos ao Presidente, ou ao Diretor Espiritual da Tenda, de acordo com o caso, para as devidas providências.

11) Todo médium que faltar a três sessões consecutivas sem justificação será afastado da corrente mediúnica. Na reincidência, esse afastamento poderá ir até a exclusão.

12) O médium que se tornar motivo de escândalo, provocar intrigas e promover atritos e desunião entre irmãos, será sumariamente desligado da corrente mediúnica e do quadro social da Tenda.

13) O uniforme da Tenda é exclusivamente o branco. Se, eventualmente, forem criados outros, todos devem seguir o modelo adotado.

14) Haverá um livro de presença no local adequado, onde o médium obrigatoriamente deixará sua assinatura, para os devidos fins de controle.

15) O médium deve se inteirar sobre os banhos e defumadouros apropriados à sua natureza espiritual mediúnica, para poder usá-los com regularidade, principalmente nos dias de sessão.

ROTEIRO PARA SE PROCESSAR UMA SESSÃO DE UMBANDA

ABERTURA OU 1.ª PARTE

1) Os médiuns devem entrar no salão, disciplinadamente, isto é, em Vibração Cruzada (posição preparatória) (ver a figura) e tomarem suas posições, em círculo, sendo as mulheres à esquerda e os homens à direita.

EM VIBRAÇÃO CRUZADA
(Posição Preparatória)

2) Feito isso, deve-se proceder a uma palestra, de cunho doutrinário, versando sobre a moral, os aspectos da mediunidade, sobre o Evangelho, sobre qualquer tema, enfim, que auxilie o psiquismo dos médiuns para que possam ir harmonizando as suas vibrações mentais. Deve-se escolher pessoa capacitada para proceder a esse tipo de doutrina ou palestra.

3) Após a palestra de 5 a 10 minutos o Dirigente deve mandar desfazer a corrente ou **Vibração Cruzada** e fazê-los entrar em Corrente Vibrada (ver a figura) a fim de fazer a PRECE de abertura (impres-cindível) a JESUS, Diretor do Planeta Terra.

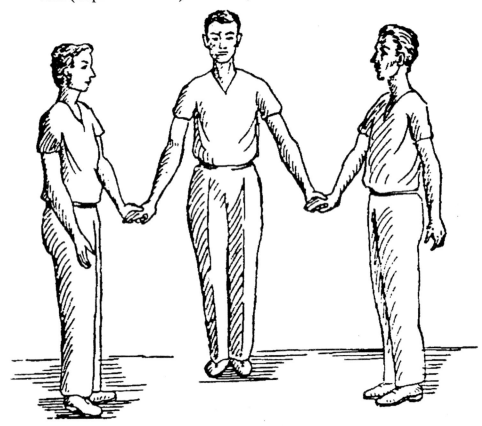

EM CORRENTE VIBRADA
(Posição Prática)

MISTÉRIOS E PRÁTICAS DA LEI DE UMBANDA 97

4) A seguir, ainda em Corrente Vibrada, procede-se à defumação propiciatória (com benjoim, incenso, mirra, sândalo, etc.) debaixo de um ponto cantado, apropriado à essa finalidade. A defumação deve ser feita por pessoa escolhida para isso, de preferência o médium-chefe.

5) Após o defumador propiciatório, faz-se uma saudação falada às Falanges ou aos Orixás e ao Patrono Espiritual da Casa, se houver.

6) Mandar os médiuns desfazer a corrente vibrada. Logo se firma o ponto cantado do Guia-Chefe da Casa ou da Tenda, ou então, se canta o Hino da Tenda.

PROSSEGUIMENTO OU 2.ª PARTE

7) Chamada da Falange que vai trabalhar ou, então, os pontos cantados das entidades que, habitualmente, são chamadas para as incorporações.

8) Prosseguimento da sessão, com pontos a intervalos ou segundo a necessidade.

9) Findos os passes e conselhos, agradecimento aos guias e protetores e o ponto cantado para eles subirem ou desincorporarem.

ENCERRAMENTO OU 3.ª PARTE

10) Já com os médiuns desincorporados e em Corrente Vibrada, traçar na pemba um triângulo (com um vértice apontado para a porta da entrada) no centro do salão, colocar dentro dele um copo contendo água e sal, cantar um ponto de descarga da falange que se queira e imediatamente se procede à limpeza dos médiuns e do ambiente, com um defumador forte (palha de alho, pinhão-roxo, guiné, arruda, etc., em mistura ou simples).

11) Feito isso, procede-se ao encerramento, com agradecimentos a Deus, a Jesus e às entidades de Guarda e a quem mais se quiser. Depois, os médiuns se retiram, desfazendo a corrente vibrada e entrando na vibração cruzada, isto é, conforme entraram, disciplinadamente...

Obs.: Nesse ritual ou Roteiro não foi incluída a questão do "abrir ou fechar" a tronqueira de "Seu Exu", como vulgarmente se diz, se entende e se usa.

Esse ângulo sobre o "Exu guardião" é algo de muito sério, que implica na ordem que se tenha do "guia-chefe ou guia-espiritual" da Tenda, Cabana ou Terreiro, para esse fim.

Que isso é necessário, é. Ninguém pode dispensar a ajuda de **cima** tampouco a ajuda de **baixo**. E cada qual faz ou firma essa "tronqueira" segundo a ordem que recebeu. Todavia, se não houver essa ordem direta, por conta própria não se deve fazer isso se a pessoa não estiver capacitada para tal firmação.

O que não aconselhamos, de forma alguma, é a insensatez que se vê, em muitas "tendas ou terreiros de Umbanda", de "abrir a gira" ou a sessão, primeiro, salvando para Exu. Isso é o mesmo que pôr o carro na frente dos bois.

Quem procede assim denota crassa ignorância, ou então é porque seu "Terreiro" é pura Quimbanda, está sob o domínio dos Exus... pagãos, ou ainda é porque está arraigado a esse costume (chamado de tradição) próprio dos candomblés. Portanto, sabem disso e querem assim mesmo. Nesse caso, quem semeia colhe as conseqüências.

A "tronqueira", todos sabem é uma espécie de casinhola que costumam armar na entrada do terreiro e onde se oferta ao Exu guardião velas, marafa e outras coisas mais.

De qualquer forma que o façam, aconselhamos que só firmem a tronqueira de Exu, quando terminar a primeira parte da abertura da sessão, propriamente dita. É a maneira correta de proceder, segundo a palavra autorizada de nossas entidades verdadeiras, os Caboclos, Pretos-Velhos, etc....

MISTÉRIOS E PRÁTICAS DA LEI DE UMBANDA

E ao fazer essa afirmação para o Exu guardião, não se canta o ponto dele, dentro do terreiro, ou seja, do salão. O médium-chefe vai ou destaca três cambonos para que façam isso lá fora, isto é, tirem o ponto do Exu, os três e somente lá na tronqueira.

ADENDO ESPECIAL

(Com a figura da "MÃO DOS PODERES OCULTOS" que contém
26 SINAIS REVELADORES DE MEDIUNIDADE nos indivíduos)

AÇÃO CÓSMICA E CÁRMICA DAS LINHAS DE FORÇA

ENSINAMENTOS OU REVELAÇÕES OCULTAS PARA
OS MÉDIUNS-CHEFES, DIRIGENTES E INSTRUTORES DA
CORRENTE ASTRAL DE UMBANDA, PAUTADOS NA
CIÊNCIA DA QUIROLOGIA, QUIROSOFIA,
QUIROASTROMANCIA, ASTROLOGIA ESOTÉRICA, EM
FACE DOS SÍMBOLOS, SINAIS OU "IMAGENS" DOS
ARQUIVOS ASTRAIS OU DA FICHA CÁRMICA DOS
INDIVÍDUOS, SÍMBOLOS ESSES REVELADORES DE
FACULDADES MEDIÚNICAS OU DE PODERES
SUPRANORMAIS, PROTEÇÕES ESPIRITUAIS, ETC.,
NAQUELES QUE SÃO MÉDIUNS
– VEÍCULOS DOS ESPÍRITOS...

Essas revelações ou ensinamentos ocultos são, diretamente, para
Médiuns-chefes, Dirigentes, Instrutores etc., da Corrente Astral de
Umbanda, a fim de que possam, baseados neles, se orientarem quanto
às pessoas que se julgam médiuns ou de fato o sejam.

São diretrizes seguras, para que o instrutor correto, consciente,
possa examinar as mãos dos médiuns e verificar qual o grau ou as
condições de adiantamento de cada um... através dos símbolos que
identificar nas ditas mãos, que podem revelar a natureza da faculdade
mediúnica de seu portador...

Assim, vamos primeiramente abordar o aspecto científico e oculto dessas LINHAS DE FORÇA, para que o interessado fique bem

capacitado a entender o VALOR ou a razão de ser desses SÍMBO-LOS e porque eles surgem nas mãos de muitas criaturas.

Então, Linhas de Força são as sutis correntes de energia que inter-penetram todo espaço cósmico... São, dentro do sentido mais claro, mais simples, as forças elementais da natureza que tudo constroem, tudo formam, desde o mais insignificante grão-de-areia ao maior planeta, à maior estrela sideral... até as vias lácteas, as galáxias, são formadas, construídas, por efeito direto e próprio dessas ditas linhas de força que na Escola Oriental tomam denominações de TATWAS...

Essas linhas de força ou tatwas, tão sutis, tão importantes, tão vitais, além de provocarem e construírem os planetas ou corpos celestes, ainda dão formação à aura eletromagnética dos próprios planetas...

SETE são as Linhas de Força (ou tatwas) ou Correntes Energéticas da Natureza, sendo CINCO inferiores e de pura energia astral e DUAS superiores e de pura energia mental. Cada uma tem a sua tônica particular, porém se interpenetram. Cada uma dessas cinco inferiores domina de 24 em 24 minutos, até fazer um ciclo rítmico de 2 horas, quando passam, ora para a influência SOLAR, ora para a influência LUNAR e assim, sucessiva e indefinidamente. Quanto às duas superiores ou de pura energia mental, comandam as cinco inferiores, dentro dos 24 minutos de cada uma dessas, se revezando de 12 em 12 minutos...

Então? Leiam, releiam, meditem e procurem compreender essa questão das linhas.

Agora, vamos ao seguinte: são verdades incontestes, dentro dos ensinamentos ocultos, que a criatura nasce, vive e morre sob a influência dos astros. Por causa dessa observação tradicional, desse conceito, dessa verdade, foi que estabeleceram uma ciência dita como astrologia esotérica, que trata desses aspectos, através do que se diz como um horóscopo, que pode ser levantado quer para uma pessoa, quer para uma cidade, nação etc..

Ora, irmão leitor, umbandista ou não, vamos exemplificar com você mesmo que está lendo: você nasceu em determinados minutos, de uma certa hora, de um certo dia, de um certo mês e ano.

MISTÉRIOS E PRÁTICAS DA LEI DE UMBANDA

Então, você pode verificar pela astrologia esotérica, que tem um Planeta Regente, isto é, aquele que REGEU o signo de seu nascimento, ou seja, os 30 graus que correspondem aos 30 dias do mês que você nasceu.

Você pode verificar ainda que, naquela hora do dia em que nasceu, um outro planeta estava dominando particularmente e assim se diz como o seu ASCENDENTE, que é muito importante...

Pode verificar também outras influências, que o astrólogo leva em consideração, mas para nosso caso, isso já é mais secundário ainda...

O seu Planeta Regente foi quem dignificou as manifestações de sua natureza vital, psíquica e espiritual de um modo geral (segundo nosso conceito).

O seu ascendente foi quem influenciou particularmente sobre o seu corpo astral e daí para o físico, e foi quem lhe deu certa constituição fisionômica, certos aspectos particulares, etc.

Então? Perguntaremos agora a você: quem registrou, quem imprimiu essas vibrações ou influências planetárias/planeta de seu regente, de seu ascendente – na estrutura íntima de seu corpo astral e daí sobre os plexos nervosos de seu corpo físico de recém-nascido? Sabendo-se que, por dentro da hora planetária em que você nasceu, FORÇAS MAIS PODEROSAS dominavam de 24 em 24 minutos?

É claro que você já deve ter concluído, pelo que explicamos no início, sobre as LINHAS DE FORÇA, que foram elas, essas correntes energéticas essenciais quem REGISTRARAM, quem IMPRIMIRAM TUDO, sobre seu organismo físico e astral, por ocasião do seu nascimento, modelando todas essas vibrações planetárias, segundo suas características (das linhas de força), é claro, para surgir daí a linha mestra de todo seu sistema perispirítico ou astral, orgânico propriamente dito e espiritual ou cármico...

Portanto, essas linhas de força ou tatwas são básicas, fundamentais, e é por causa disso que, dentro do que há de mais verdadeiro na Antiga Tradição, se afirma que nenhum horóscopo pode ser completo, sem o tatwa individual, ou seja, o levantamento da linha de força individual...

De sorte, que podemos definir as seguintes diretrizes:

1) As Linhas de Força são quem **gera** os planetas e quem dá a qualidade da vibração astral ou eletromagnética de cada um...

2) As Linhas de Força são quem preside essencial e diretamente, ao nascimento, vida e "morte" de uma criatura...

3) A Linha de Força é quem faz imprimir o SELO de todas as predisposições ou aquisições de uma criatura, nos 24 minutos em que está dominando, porque ela — a linha de força — é o canal cármico, direto, que traz todas as imagens ou clichês que se encontram nos Arquivos Astrais... enfim, essa citada linha de força é quem traz e imprime o selo de sua FICHA CÁRMICA, na estrutura íntima de seu corpo astral...

CONCLUINDO:

As Linhas de Força (ou os tatwas) como CANAIS cármicos, como impressoras das FICHAS CÁRMICAS, SÃO AINDA QUEM FAZ revelar OS SÍMBOLOS OU OS SINAIS EXISTENTES NESSA FICHA, SOBRE AS palmas das mãos das criaturas...

Assim, falemos um pouco sobre as nossas mãos, para que o instrutor se inteire mais ainda do assunto... todos sabem do importantíssimo papel que têm as mãos em nossa vida, em tudo e para tudo. As mãos, como instrumento de cura, são fatores tão antigos, que não precisamos repisar mais isso. Bastante citarmos Jesus, que curava impondo as mãos. Não só o Cristo assim fazia, como inúmeros magos ou taumaturgos do passado e do presente... temos os passes mediúnicos e magnéticos etc... tudo através das mãos. Então, as nossas mãos, além de serem antenas receptoras e transmissoras, de correntes de energia, de fluidos magnéticos etc., são condensadoras e refletoras de todas as alterações de nossa vida fisiológica, de todo nosso sistema nervoso etc; de sorte que, para as palmas de nossas mãos derivam, correm e vão-se condensar, cerca de 280.000 sutis correntes nêuricas ou protoplasmáticas... essas sutis correntes nêuricas imprimem em determinadas zonas das palmas de nossas mãos as alterações favoráveis e desfavoráveis de nosso organismo e assim é que fazem surgir sobre essas citadas zonas SINAIS REVELADORES, em forma de manchas, pontos, ilhas, cruzes, meias-luas, grades etc. A essas ZONAS a ciência da QUIROLOGIA dá o nome de montes planetários...

MISTÉRIOS E PRÁTICAS DA LEI DE UMBANDA 105

Dá-se o nome de montes planetários, porque as Linhas de Força, através dessas ditas sutis correntes nêuricas – do sistema nervoso – fazem imprimir neles, nesses montes, a influência ou as vibrações particulares dos planetas ou corpos celestes...

Dentro dessa situação, ainda são as Linhas de Força que fazem também **imprimir** nesses **montes planetários** ou zonas de nossas mãos certas linhas, certos **símbolos ou sinais importantíssimos** reveladores de nossas condições cármicas e de nossas aquisições mais elevadas, assim como, faculdades mediúnicas, poderes supranormais etc...[9]

---

[9] Convém lembrarmos aqui o caso de Vucetich – o descobridor da identificação dactiloscópica. João Vucetich era da Polícia da Província de Buenos Aires (desde 1888) e vivia sobrecarregado de inquietação em torno do problema da identificação das pessoas, pois ele e outros mais tinham chegado à conclusão de que o sistema antropométrico de Afonso Bertillon, estatístico francês, bastante difundido naquela época, era falho – os erros eram freqüentes. João Vucetich se atormentava, auto-interrogava constantemente: "de que maneira poderão ser sanadas as dificuldades de modo que a identificação das pessoas seja fácil, inequívoca e permanente?" Foi quando recebeu uma Inspiração Divina. Leu nas Sagradas Escrituras – um Versículo Bíblico, Jó, Cap. 37, que diz: *"O que põe um selo sobre a mão de todos os homens, para que cada um conheça as Suas Obras"*...

Vucetich meditou muito sobre isso e acabou descobrindo a coisa, isto é, passou a estudar os sinais e as linhas das mãos e dos dedos. Primeiro, descobriu que apresentavam diferença de um para outros e daí sucessivamente... segundo, comprovou que as impressões (ditas depois como digitais) de pessoa a pessoa eram inteiramente diferentes. Enfim, estabeleceu o seu método de identificação, baseado em que os desenhos papilares da gema dos dedos são únicos, jamais mudam, são perenes... Foi então que ele reavivou o conceito (já firmado na antiga ciência hindu de ler as mãos, há séculos, e denominado depois de Quirologia) de que se "a Divindade criara o homem de tal maneira que, ao ir-se reproduzindo, através dos séculos, cada indivíduo teria nas mãos os sinais físicos inconfundíveis de sua personalidade"... então, é claro que cada criatura traz nas mãos as marcas indeléveis, inconfundíveis, de sua personalidade, digamos assim, física, astral e mesmo psíquica ou moral cármica... Devemos lembrar também que esse versículo de Jó 37:7 foi traduzido com variações, por uns e por outros... mas sabemos que a interpretação correta sobre esse versículo no original é a seguinte: "Ele, isto é, a divindade, põe um selo sobre a mão de todo homem escolhido, para que conheçam a sua Obra"... E é do conhecimento dos que estão familiarizados com as Sagradas Escrituras, que ali se ensina, através de várias declarações, que o Ser Supremo Deus dispõe de Registros Astrais, ficha cármica etc., com denominação de Livro da Vida... como, por exemplo, em Apocalipse 3:5 que diz: *"O que vencer será vestido de vestes brancas, e de maneira nenhuma riscarei o seu nome do Livro da Vida"*.

As zonas ou os Montes Planetários principais ou essenciais são 7. Ei-los:

A) Toda zona que fica debaixo do dedo POLEGAR: é o monte de VÊNUS...

B) A zona que fica na base do dedo INDICADOR: é o monte de JÚPITER...

C) A zona que fica na base do dedo MÉDIO: é o monte de SATURNO...

D) A zona que fica na base do dedo ANULAR: é o monte de Apolo ou SOLAR...

E) A zona que fica na base do dedo MÍNIMO: é o monte de MER-CÚRIO...

F) A zona que fica situada no lado interno da mão e perto da percussão é o monte de MARTE (onde está a fig.17 no clichê da mão)...

G) A zona que fica situada no lado inferior interno da mão e perto da percussão é o monte da LUA ou Lunar (onde estão as figs. 18 e 19 do clichê).

1ª **Observação:** que não se embarace o instrutor ou o interessado com essas descrições, pois terá, a seguir, o MAPA A, por onde começará confrontando esses montes, dedos, etc, com planetas, signos, dias do nascimento e a linha ou o ORIXÁ CORRESPONDEN-TE. Depois, terá a figura da MÃO com 25 variações de SÍMBOLOS distribuídos, pelos montes ou zonas e 5 linhas, e logo adiante, a descrição ou o significado de todos esses símbolos pelos números que correspondem a cada um...

MISTÉRIOS E PRÁTICAS DA LEI DE UMBANDA

MAPA A

Dias correspondentes, pelo nascimento	Signos Zodiacais	Planetas	Linhas ou Orixás	Montes ou zonas das palmas das mãos...
23-7 a 22-8	Léo	Sol	OXALÁ	Monte ou zona que fica na base do dedo ANULAR
21-6 a 22-7	Câncer	Lua	YEMANJÁ	Monte ou zona que fica no lado interno inferior da mão e perto da percussão (ver figs. 18 e 19)
21-5 a 20-6 23-8 a 22-9	Gêmeos Virgo	Mercúrio	YORI	Monte ou zona que fica na base do dedo MÍNIMO
22-11 a 21-12 19-2 a 20-3	Sagitário Pisces	Júpiter	XANGÔ	Monte ou zona que fica na base do dedo INDICADOR
21-3 a 19-4 23-10 a 21-11	Áries Escorpião	Marte	OGUM	Monte ou zona que fica situada no lado interno e médio da mão (ver fig. 17)
20-4 a 20-5 23-9 a 23-10	Taurus Libra	Vênus	OXOSSI	Monte ou toda a zona que fica debaixo do dedo POLEGAR
22-12 a 19-1 20-1 a 18-2	Capricórnio Aquarius	Saturno	YORIMÁ	Monte ou zona que fica na base do dedo MÉDIO

2ª **Observação:** agora que o interessado ou instrutor já confrontou a descrição com o Mapa A, tendo verificado pelo seu nascimento, o seu planeta regente, a sua Linha ou o seu Orixá e viu também qual o seu monte próprio, deverá ter logo de princípio, na devida conta, que: surja onde surgir, quer seja numa zona propriamente dita ou monte, quer seja em outro lugar da mão, o TRIÂNGULO é o símbolo básico que REVELA, incontestavelmente, PROTEÇÃO espiritual, força psíquica elevada, qualquer poder supranormal, qualquer FACULDADE MEDIÚNICA etc...

3ª Observação: então, se o interessado ou instrutor já está sabendo que 7 são os montes planetários e já se está familiarizando com eles no desenho da mão, deve ficar sabendo ou entendendo bem o seguinte: se o seu planeta regente é, por exemplo, Júpiter, o monte ou a sua zona própria está na base do dedo indicador e se nele existe algum dos 26 símbolos que vão ser descritos, é porque a pessoa está equilibrada ou reajustada com sua faixa espiritual direta, com a corrente eletromagnética de seu planeta etc., o que é uma condição rara. Porém, se no monte próprio da dita pessoa nada existe e existe um símbolo em outra zona ou monte de outro planeta que não é o seu, o regente, isso indica que a pessoa ainda não está reajustada com sua faixa espiritual própria, porém recebeu forças particulares, adequadas às suas atuais condições pelo seu planeta ASCENDENTE que vai dominar e indicar certas condições mediúnicas, certos poderes supranormais etc. e mesmo a Linha ou a Vibração dos Orixás, através das Falanges de Caboclos, Pretos-Velhos, Crianças etc., que está diretamente influenciando e protegendo a criatura, dentro da Corrente Astral de Umbanda...

4ª Observação: reafirmando: assim, se no seu monte próprio de seu planeta, não existe nenhum símbolo ou sinal, porém você os tem em outra zona ou monte, isso revela a força de seu ascendente na ocasião de seu nascimento. Indica, portanto, a influência particular que você recebeu, como reforço, a qual foi registrada na zona que lhe é própria, pela Linha de Força ou pelo tatwa, que tudo domina.

Eis a figura da mão com as suas 26 variações de símbolos... que, para traduzirem, realmente, os valores que vão ser discriminados ou relacionados, terão que ser símbolos puros, isto é, têm que estar isolados ou independentes de outras linhas ou que não sejam formados pelas bifurcações, cortes e atravessamentos das diversas linhas que existem na palma de uma mão. Os triângulos que se formarem dentro dessas últimas condições têm a metade do valor do símbolo puro, isto é, indicam acentuadas predisposições, boas influenciações etc., que se podem concretizar, de acordo com a linha de conduta da pessoa...

As 5 Linhas principais que são manifestadas pela energia condensada dos MONTES: Linha A da Vida; Linha B da Cabeça; Linha C do Coração; Linha D do Sistema Digestivo ou Hepática; Linha E do Destino ou de Saturno. Essas linhas estão nesse clichê para que se tenha uma idéia bem clara da posição dos montes nas palmas das mãos...

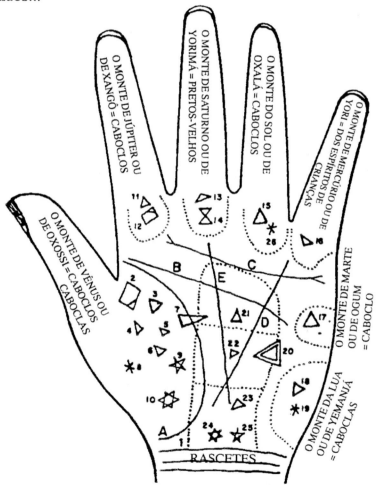

A Mão dos Poderes Ocultos – Na Alta Magia da Lei de Umbanda. As variações do símbolo ou figurações geométricas do Arquivo Astral, que se reproduzem fisicamente (nas palmas das mãos), revelando Iniciações, Forças, Proteções, Poderes Supranormais, Faculdades Mediúnicas etc...

Figura n° 1 – Toda essa linha ponteada que começa na base da rascete sobe até a linha do coração – C – faz uma curva e desce até a base da dita rascete mostrando a forma de um sapato, situa o Campo dito como de Marte ou das lutas. Veja-se que está dividido por duas linhas horizontais ponteadas que indicam parte superior, a parte média e a parte inferior, desse citado campo de Marte ou das LUTAS que começa e termina na rascete, que são essas três linhas que estão sobre o punho propriamente dito...

Figura n° 2 – Este é o símbolo do setenário ou o verdadeiro Selo dos Magos. É o mais completo selo mediúnico que pode surgir na mão de uma criatura, porque além de revelar que seu possuidor é um Iniciado filiado à Corrente dos Magos, é também um médium missionário. Esse símbolo é o mais raro. Ele está composto do ternário dentro do quaternário. O triângulo é o simbolo do Universo como manifestação dos 3 Mundos: o mental, o astral e material... representa a Trindade, a Tríade Divina, dominando os quatro elementos da natureza, simbolizados no quadrado ou quaternário. Esse símbolo do setenário ou esse selo dos Magos, que surge sempre no médium de carma missionário, e sobre o monte de Vênus, tem sempre o triângulo no ângulo esquerdo inferior desse quadrilátero, conforme está situado no clichê e na palma da mão. Este símbolo ou SELO confere a seu possuidor ampla clarividência, intuição apurada e sensibilidade medianímica ou psicoastral extraordinária além de outras faculdades mediúnicas... (em nossa obra *Lições de Umbanda e Quimbanda na palavra de um Preto-Velho,* nas págs. 106 a 108, se encontra uma descrição completa sobre esse importantíssimo sinal) ...

Figuras n°s 3, 4, 5, 6 – São triângulos que tanto podem ser isósceles, escalenos etc., porém, o mais comum é surgirem na forma de pirâmide ou eqüilateral e mais acentuadamente sobre o monte de Vênus. Qualquer um desses triângulos, surgindo isolado ou independente no dito monte, significa que o seu possuidor tem positivamente, uma forte proteção espiritual, astral, da Corrente de Umbanda,

MISTÉRIOS E PRÁTICAS DA LEI DE UMBANDA 111

através dos Caboclos da Faixa Vibratória de Oxossi, dado já a seu estado evolutivo que é bom e tende a melhorar, impulsionado por alguma faculdade mediúnica. Essa faculdade mediúnica que tanto pode acontecer na mecânica de incorporação, dentro da fase semi-inconsciente, como pode ir a de irradiação intuitiva, com acentuada sensibilidade psicoastral. Qualquer triângulo nesse monte indica mais, que apesar de o médium estar dentro da mediunidade de carma probatório tende a se libertar para o de carma evolutivo, já nessa encarnação... Os aspectos negativos de seu caráter cármico que ele tem de combater são: tendência ao egoísmo, ao sensualismo, à falta de pureza e de amor próprio. Os aspectos positivos de seu caráter cármico, os quais a presença desse triângulo está exaltando, são: o equilíbrio moral-espiritual, astral e físico, dentro de um pronunciado senso de amor, de caridade e de compreensão. O triângulo nesse monte de Vênus está exaltando todo o seu poder criador para qualquer atividade prática ou espiritual etc.

Figura nº 7 – Esse triângulo isósceles que sai do monte de Vênus e atravessa a linha da vida (A) com um vértice apontando o campo de Marte (que é o campo das lutas) é, também, uma das mais importantes revelações da ficha cármica do indivíduo. O triângulo, assim situado, revela que: o seu possuidor, por força de seu carma, sofreu pesado reajustamento, tendo sua vida transcorrido até certa altura em dificuldades materiais, com impactos morais, tudo acompanhado de doenças e dado a seu grau de entendimento, de conformação, tudo sofreu, passou com muita resignação, procurando sempre o caminho da luz. Em face de fortes circunstâncias de ordem espiritual, em que arcou com as responsabilidades, em face dos assentamentos positivos de sua ficha cármica, desceu sobre ele uma poderosa proteção espiritual da Corrente Astral de Umbanda, através de três Falanges de Caboclos de Oxossi, de Xangô e de Ogum principalmente, pois, nele, tudo situa o campo de Marte ou das lutas, demandas etc., pelo vértice que está definindo a direção cármica de sua vida. Esse triângulo, assim, nessa altura, define mais, que a pessoa já não tem mais ambições materiais tudo nela passa a girar em torno das questões morais e espirituais elevadas e assenta a mediunidade já na condição de carma evolutivo e na incorporação semi-inconsciente, se a pessoa for jovem ainda e se já for idosa (passando dos cinqüenta anos e ainda de acordo com o estado de saúde etc.), define a faculdade mediúnica de irradiação intuitiva, a vidência, e o dom da palavra. Esse símbolo exalta em seu possuidor os aspectos positivos de seu caráter cármico, que são a audácia, a energia, o espírito empreendedor e o domínio próprio. Os aspectos negativos de seu caráter cármico que a pessoa tem de neutralizar (pois todo indivíduo dentro de uma injunção, de uma certa circunstância, pode se desequilibrar) são: a falta de sereni-dade, a falta de domínio, os impulsos violentos e as bruscas antipatias que podem impelir a julgamentos apressados...

Figura nº 8 – Essa Estrela, sobre qualquer parte desse monte de Vênus, sendo bem acentuada, isolada, isto é, composta de três linhas que se cruzam num ponto, significa junção de três forças ou poderes, de cuja combinação ou cruzamento surgirá uma poderosa proteção astral espiritual etc. Esse símbolo confere a seu possuidor, mesmo que esteja situado em qualquer zona ou monte da palma da mão, essas condições citadas e uma faculdade mediúnica qualquer – comumente a clarividência ou a vidência (notem a variação do con-ceito apenas na estrela que está sobre o monte do Sol ou de Apolo). Todavia é necessário que o seu possuidor leve em alta consideração, ou melhor, que se previna quanto ao seguinte: esse símbolo, sendo muito forte, exalta quer as qualidades boas, quer as qualidades más que porventura existirem numa pessoa. Portanto, é necessário que o possuidor desse símbolo ande na linha do equilíbrio para poder rece-ber os benefícios dessas três forças... essa estrela tem sido identificada mais em pessoas dentro de um carma probatório...

Figuras nᵒˢ 9 e 25 – Este símbolo é o Pentagrama, isto é, uma estrela de cinco pontas, confundida vulgarmente como "signo de Salomão, cinco Salomão" etc. Depois do selo dos magos e do hexagrama místico de Salomão, é, também, um dos mais difíceis de

MISTÉRIOS E PRÁTICAS DA LEI DE UMBANDA 113

ser encontrado numa criatura. Este é um símbolo assaz forte, pois representa a influência de cinco forças ou correntes vibratórias astrais, elementais. Esse pentagrama na zona de Vênus confere ampla visão astral, pela sensibilidade mediúnica apurada, bem como nos outros montes ou zonas, especialmente na "chamada esfera de Uranos" – veja figura 25, que, em realidade, está na parte inferior do campo de Marte, pois aí, ele confere, a mais, uma extraordinária clarividência ou o sentido premonitório.

É um símbolo também considerado perigoso, pois geralmente as pessoas que o têm, mormente se estiver situado sobre a zona ou monte de Saturno, são inclinadas à magia negra. Precisam controlar esses impulsos do pretérito e estar em constante autopoliciamento. O Pentagrama indica que o seu possuidor é filiado, no astral, a um Grupamento Iniciático qualquer... todavia é imprescindível, a seu possuidor, estar em equilíbrio moral-espiritual etc., pois se "estiver envolvido em suas paixões ou vivendo a vida dos sentidos", esse pentagrama não se manifestará como uma força atuante... esse símbolo tem sido identificado mais em pessoas de carma evolutivo.

Figuras nos 10 e 24 – Este símbolo é o famoso Hexagrama Místico de Salomão que, como se nota, é uma dupla manifestação do triângulo, ou seja, é a conjunção de seis forças ou vibrações... é raríssimo surgir nas criaturas. Assim como o selo dos magos que é uma manifestação excepcional da Força Setenária e o mais elevado símbolo conferido a uma criatura pelo Astral Superior, o Hexagrama Místico de Salomão indica, positivamente, que o seu possuidor é também um iniciado filiado à corrente branca dos magos. Convém explicarmos algo mais sobre esse símbolo: o Hexagrama resulta da interpenetração de dois triângulos opostos, até que os centros geométricos dos dois cheguem a coincidir. Esses dois triângulos assim descritos significam que o seu possuidor já superou quase todos os seus aspectos negativos e, já se equilibrou com os seus aspectos positivos, ou seja, com sua individualidade consciente... isto porque, sendo o triângulo o símbolo do Universo Ternário, significando ou revelando o equilíbrio, o perfeito, a elevação pelo intelecto etc., jamais poderia estar na ficha cármica de uma criatura, sem que ela merecesse através de uma reconhecida maturação espiritual... portanto, o Hexagrama Místico de Salomão, quer esteja na zona ou monte de Vênus, quer esteja em outro monte qualquer, significa sempre tudo isso e revela ainda poderes supranormais extraordinários que se podem manifestar voluntariamente, por via de várias modalidades mediúnicas etc. Esse símbolo só surge nas pessoas cuja mediunidade está afeta ao carma evolutivo...

Figura nº 12 – Este símbolo é uma variação do selo dos magos e é também um símbolo setenário. Note-se que o triângulo, nele, está situado no ângulo direito superior do quadrilátero. Esse símbolo indica que o seu possuidor é também um filiado da corrente branca dos magos do astral e tem a sua mediunidade dentro de um carma evolutivo. Esse conceito se aplica nesse símbolo, em qualquer uma das zonas ou dos montes planetários onde possa surgir. Faculta diversas modalidades mediúnicas, de acordo com a natureza da pessoa e particularmente a mediunidade de transporte[10] e a vidência ou a clarividência. Este símbolo tem surgido mais onde está, isto é, sobre o monte de Júpiter e traz muita força espiritual, muita proteção e tende a elevar o seu possuidor em qualquer atividade prática a que ele se dedicar...

Obs.: Nesse símbolo – variação do setenário ou do verdadeiro selo mediúnico completo ou conjugado, a variação do triângulo pode ocorrer em qualquer um dos três ângulos do quadrilátero, isto é, nos ângulos superior da esquerda, superior da direita e inferior da direita, menos, repetimos, no ângulo inferior da esquerda, pois esse é próprio ao símbolo nº 2 descrito e que só surge sobre o monte de Vênus...

Figuras nos 11, 15 e 16 – O triângulo, seja isósceles, escaleno etc., em qualquer um desses montes de Júpiter, do Sol e de Mercúrio, revela que o seu possuidor tem, positivamente, uma forte assistência

---

[10] Refere-se aos "aportes" e não às tão famigeradas "puxadas" para descarrego.

MISTÉRIOS E PRÁTICAS DA LEI DE UMBANDA 115

espiritual, principalmente da corrente astral de Umbanda, através das falanges de Caboclos. Se o triângulo está sobre o monte de Júpiter, essa assistência vem pela faixa vibratória da Linha de Xangô; se está sobre o monte do Sol ou de Apolo, essa proteção espiritual é acentuadamente da vibração ou da Linha de Oxalá; se está sobre o monte de Mercúrio, essa proteção espiritual vem pela faixa espiritual da Linha de Yori, isto é, a pessoa tem a singular proteção dos espíritos que se apresentam na Umbanda, com a "roupagem fluídica" de criança. O triângulo nesses montes revela sempre que o seu possuidor tem a mediunidade dentro de um carma probatório, está sofrendo, passando ou já passou por uma série de reajustes cármicos etc. Essa mediunidade pode se manifestar na mecânica de incorporação, na fase semi-inconsciente ou, então, costuma variar para a de irradiação intuitiva. Os possuidores deste símbolo (em qualquer um desses montes) tem que vigiar bem seus próprios aspectos negativos, neutralizá-los tanto quanto possível, para poder haurir ou receber dessas correntes espirituais os benefícios que este símbolo faculta ou traz, pois nenhum símbolo surge ou é impresso na palma da mão de uma pessoa sem que tenha o beneplácito de cima, do astral, isto é, do Tribunal Planetário ou cármico...

Figura nº 13 – Um triângulo, nessa zona, isto é, sobre o monte de Saturno é algo de certo modo mais sério. Revela, de princípio, que seu possuidor tem a mediunidade dentro de um carma probatório e na mecânica de incorporação, que tanto pode acontecer na fase semi-inconsciente como na inconsciente, esta pelo menos durante os sete primeiros anos de prática mediúnica bem equilibrada. Todavia, pode também acontecer que de acordo com a conduta do médium ele fique só com a mediunidade de Irradiação intuitiva. Esse símbolo, nessa zona, indica mais que a pessoa tem acentuada tendência para a magia negra e tem proteções ocultas que a amparam. É necessário que se autopolicie nesse aspecto de seu caráter cármico. Se a pessoa estiver com uma boa orientação moral-espiritual, terá a fortíssima proteção da Linha de Yorimá, isto é, dos "Pretos-Velhos", que será altamente positiva em todas as fases de sua vida. Os aspectos negativos da pessoa, cujo ascendente foi Saturno e cuja influência foi registrada pela linha de força na expressão do dito triângulo, são: a indiferença, a teimosia, o arraigamento ao dinheiro, acentuada intolerância, tristeza e pessimismo. Deve zelar, alimentar os aspectos positivos desse ascendente, que são: a meditação, a reflexão e a perseverança. Saturno dá o poder conservador de um modo geral, inclusive a longevidade.

Figura nº 14 – Este símbolo é classificado com o dos "triângulos opostos". Para que seja considerado autêntico, tem que estar isolado ou independente de outras linhas ou ramais das mãos. Revela, em seu possuidor, equilíbrio e acentuada concordância de forças anímicas, potenciais, em atração ou relação com poderes materiais, financeiros, políticos, literários etc.

Quando não o seja, porque seu possuidor não alcançou essas condições, porém elas existem latentes, prestes a eclodir, atraindo ou movimentando as condições simpáticas para tal fim.

É, não resta dúvida, um símbolo forte e só não revelará essas condições positivas se seu possuidor não vier contribuindo para isso dentro de circunstâncias negativas, degenerações morais etc. Nesse caso o indivíduo sofrerá violentos choques das forças em oposição, mormente se essa figura 14 estiver no "Campo de Marte". Viverá na ruína moral e material. Esse símbolo revela mais proteção com as forças ou Falanges de "Caboclos", especialmente com os da Vibração de Xangô. Traz Mediunidade Intuitiva, e Clarividência poderá surgir. O carma tanto pode ser probatório, como evolutivo, dependendo de outros fatores.

Figuras nas 17, 21, 22 e 23 – O triângulo, quer no monte de Marte nº 17; quer no campo superior nº 21; quer no campo médio nº 22; quer no campo inferior nº 23, tudo de Marte é um símbolo ou um sinal altamente confortador, maravilhoso, quando o seu possuidor souber (como vai ficar sabendo agora) que ele traz a Salvação, um socorro enérgico, a proteção vigorosa dos Caboclos da Vibração de

Ogum. Esse triângulo, nesse monte ou no campo de Marte que é o das lutas materiais e astrais indica positivamente que o seu possuidor tem carma bem pesado, um carma probatório e sua mediunidade assim também o é. Essa faculdade mediúnica vem sempre na fase semi-inconsciente, porém o médium é muito assistido pela de Irradiação Intuitiva. Esse triângulo, nessas zonas citadas, assegura lutas com vitórias, às vezes debaixo de grandes sofrimentos e sacrifícios etc. O símbolo nas zonas de Marte demonstra que a pessoa recebeu uma assistência espiritual muito forte, através de um protetor da faixa ou da vibração das lutas e das demandas e por isso vem facultando a seu possuidor (do triângulo) muita energia, audácia, espírito empreendedor e domínio próprio. Deve combater seus aspectos negativos, particulares, que nesse caso foi de Marte – como seu ascendente, que trouxe, por reflexos, de sua ficha cármica. Ei-los: excesso de impulsividade, violência, provocação e prepotência frente aos fracos etc.

Figura nº 18 – O triângulo sobre o monte lunar é mais difícil de surgir do que nos outros montes. Esse símbolo, nessa situação, revela ou confere qualidades excepcionais a seu possuidor. Dá-lhe um misticismo equilibrado, uma grande interpenetração espiritual e de duas a três faculdades mediúnicas. Dá-lhe a irradiação intuitiva, bastante clarividência e muitas vezes a mediunidade auditiva. As correntes de força sobre o possuidor do triângulo no monte lunar vêm pelos elementais da água ditos como as ondinas e com as falanges dos Caboclos do mar ou das águas, pela vibração da Linha de Yemanjá... o médium que estiver banhado pela vibração lunar, dado a que, sobre o monte correspondente foi que a linha de força imprimiu o selo triangulado, tem que pautar sua vida dentro de regras bem positivas, tão grande é a influência astral sobre ele, que a sua sensibilidade psicomediúnica estará sempre sujeita a impactos de ordem diversa. Os seus aspectos cármicos negativos poderão aflorar pelo excesso de fanatismo e superstição, pelos caprichos, manias etc. Porém, os aspectos positivos de seu caráter cármico atuarão constantemente em si, pela imaginação idealista, pura, com os pensamentos de renovação que constantemente afluirão, limpando a sua mente de outras injunções etc. O seu carma é Evolutivo.

Figura nº 19 – Essa estrela sobre o monte da LUA também é um símbolo raro. Quando surge e está em pé conforme no desenho 19, confere todos os predicados do triângulo 18 e indica mais que a pessoa está no caminho seguro da espiritualidade. Indica ainda a posse ou a futura posse de um sonho, um desejo, um acontecimento bom, desejado, esperado etc., quer seja na forma material, quer na sentimental, quer na espiritual.

Figura nº 20 – A manifestação dessas duplas linhas trianguladas formando um triângulo dúplice, é um sinal tanto mais importante, quando seja bem sulcado, bem nítido, bem formado. Nessas condições, revela, indica, dado as circunstâncias pesadas da vida da pessoa que o tenha, dado a uma série de provações que enfrentou com serenidade, paciência etc., dado a sua conduta moral-espiritual, que recebeu o seu grau de Iniciação no Astral e uma fortíssima proteção espiritual da Vibração de Yorimá dos "Pretos-Velhos", pela correlação energética da vibração eletromagnética de Saturno, que se manifesta, também, diretamente sobre o chamado de campo médio de marte. Esse símbolo, assim constituído, revela que a pessoa já alcançou o necessário equilíbrio em suas ações, em sua vida material e em sua vida espiritual (salvo qualquer desequilíbrio súbito, por força de um livre-arbítrio, por força de injunções cármicas precipitadas etc.). O poder desse símbolo é grande, pois está plantado sobre o campo médio de Marte ou das lutas, como um sinal de vitórias alcançadas. O seu possuidor deve zelar por todos os aspectos positivos de seu caráter cármico e combater as más influências do dito caráter cármico, que poderão assediá-lo constantemente, dado a que, esse triângulo dúplice indica que seu ascendente verdadeiro foi o seu próprio Regente isto é, Saturno no signo e Saturno na hora planetária e foi no campo médio de Marte que a linha de força ou o seu tatwa individual registrou diretamente toda essa condição. O aspecto negativo do caráter cármico de um saturniano com sua dupla influência vem pelo arraigamento às coisas materiais, principalmente ao dinheiro. A pessoa pode pecar pelo excesso de conservadorismo, podendo transformar-se até em egoísmo. Está sujeita ao pessimismo, à tristeza, à intolerância etc. Os aspectos positivos de seu caráter cármico são: a meditação, a reflexão, a constância, a perseverança, uma vontade férrea, o poder conservador, a vida longa, a boa saúde e a ausência de sensualismo... está sujeita a afecções renais e à atrofias neuromusculares, a paralisias etc. O seu carma está na linha evolutiva. A sua mediunidade é dupla: dá para a Mecânica de Incorporação na fase semi-inconsciente acompanhada de forte Irradiação Intuitiva e é, ainda, um médium sensitivo de boa ordem...

Figura nº 26 – Essa estrela sobre o monte Solar e da forma que está, em pé, é um símbolo forte, poderoso, iluminado. Significa esplendor. Esse esplendor poderá ser, surgir ou vir de várias formas. Revela mediunidade dentro de um carma evolutivo e de Irradiação Intuitiva bem elevada, com bastante Clarividência etc. A assistência espiritual sobre o possuidor dessa estrela no monte solar vem pela vibração dos Caboclos da Linha dita como de Oxalá... os aspectos positivos de seu caráter cármico são: a espiritualidade, o poder realizador, a energia indomável etc. Os seus aspectos negativos podem atuar sob a forma da vaidade excessiva, do exibicionismo, da extravagância etc...

5ª Observação: final — Essas variações do símbolo ou de sinais, que podem existir ou surgir e existem ou surgem nas palmas das mãos das pessoas, são, incontestavelmente, reveladores, indicadores de dons, faculdades, poderes supranormais, condições cármicas fisiológicas etc... Todavia, uma pessoa pode ser médium, iniciado até e não constar em suas mãos nenhum destes sinais ou símbolos reveladores.

Quem explicou bem essa questão foi Preto-Velho em nossa obra *Lições de Umbanda e Quimbanda na Palavra de um Preto-Velho*, nas páginas 104 a 106 quando Cícero, o filho-de-fé lhe fez a seguinte pergunta:

"Muito bem Pai G... nesse aspecto, posso considerar a presença desse sinal como uma regra sem exceção?"

Então "Preto-Velho" respondeu dizendo: — *"não, meu filho, não há regra sem exceção. Tem exceção e variação. Há razões superiores relacionadas com esses casos que esse "Preto-Velho" não alcança..."*

E continuou dizendo mais que, *"esse selo"*, isto é, o sinal da *mediunidade, pode não surgir como um sinal físico na mão humana do médium, todavia na mão de seu corpo astral, esse selo pode constar etc.... Isso já é trabalho de identificação para um vidente, clarividente ou mesmo para uma entidade incorporada.*

E, "Preto-Velho", continuando, ainda adicionou mais essa explicação, bastante satisfatória e verdadeira: — *"Sim, porque a maioria (desses médiuns, é claro) pode ter influências medianímicas, manifestarem-se até, levando algum tempo dentro de condições promissoras, mas acabam sempre desvirtuando, sofrendo injunções dos ambientes, da vaidade etc., então não se fazem definir sobre eles as indispensáveis ordens e direitos de trabalho de uma entidade protetora, mesmo que ele seja de carma probatório, ou melhor, de mediunidade probatória, esse selo simples surge, logo que esse médium começa a se compenetrar de sua responsabilidade em face dessa condição, isto é, quando começa a pesar conscientemente as suas condições de reajuste..."*

Cremos, portanto, que toda essa questão relacionada dentro desse ADENDO ESPECIAL ficou bastante esclarecida e esperamos que todos ou os mais compenetrados tirem todo proveito dessas lições...

E finalmente, uma palavrinha ainda queremos registrar aqui, para os que se dizem ou são realmente professores das chamadas ciências ocultas...

Naturalmente que apresentamos aqui uma descrição, um estudo, uma maneira o mais simples possível, desta maravilhosa ciência denominada de Quirologia, Astrologia, Quiromancia, Quirosofia etc.,

MISTÉRIOS E PRÁTICAS DA LEI DE UMBANDA

visto essa obra ter sido coordenada mais no intuito de sua assimilação popular, ou seja, para entendimento geral da massa umbandista...

Porém, queremos lembrar aos citados professores do ocultismo, ditos como magistas, esoteristas, astrólogos, etc., que essa variação da forma triangular, que surge na palma das mãos das pessoas escolhidas ou merecedoras, tanto mais é importante, profunda, se dentro da 3ª chave de interpretação cármica, esses triângulos forem analisados sob certos aspectos de suas formas eqüilateral, isósceles, escaleno, ainda em confronto, ou em relação com as formas dos ângulos, isto é, como triângulos retângulos, acutângulos e obtusângulos, etc...

Pois bem, dentro dessa 3ª chave (demos a interpretação oculta da 1ª chave), essas variações ou espécies de triângulos, de conformidade com suas posições e com as zonas em que forem impressos ou surgirem, revelam questões cármicas transcendentais de tal sorte, que somente quem conhece mesmo o assunto pode avaliar, analisar e interpretar corretamente... e, naturalmente, não podemos tratar desses ângulos, nessa singela obra e mesmo porque, não temos ordem para expô-los a público...

Apenas demos esse lembrete para os que "têm olhos de ver e ouvidos de ouvir"...

Mas, para que saibam ser, realmente isso, uma ciência de iniciados de fato, vejamos o que já dizia o célebre filósofo Platão, iniciado também sobre as questões mágicas das formas dos triângulos, que ele considerava formas divinas, etc. Platão, ao tratar da constituição dos 4 elementos da natureza, assim ensinava: — *"Estes quatro corpos (fogo, terra, água, ar) nascem dos triângulos-retângulos, isósceles e escalenos. São estes triângulos a origem das moléculas de todos os corpos. Quanto ao princípio desses triângulos, só Deus, que está acima de nós, e entre os homens aqueles que são os Amigos de Deus, o conhecem... a Molécula do gênero terra tem a forma de cubo, porque dos quatro corpos é a mais imóvel (cada face de um cubo é formada de dois triângulos-retângulos isósceles). A molécula do gênero fogo é a mais móvel, a mais leve dos quatro elementos, teria a forma do menor e do mais agudo de todos os sólidos, que se pode constituir com um triângulo, por conseqüência·a de pirâmide triangular. A molécula do gênero água e a do gênero ar teriam a forma, a primeira de octaedro, a segunda do icosaedro (esses dois, sólidos geométricos regulares) gozando de propriedades intermediárias"* (citação do trabalho de M. Rochas — La Phisique et la Mecanique chez les grecs" — Revue Scientifique — 1882 — Paris). E é só... encerremos aqui esse assunto[11].

_____

[11] Nesta altura, o instrutor, o médium-chefe ou mesmo o simples médium em desenvolvimento, já deve estar compenetrado dos fundamentos sobre iniciação, poderes ocultos nas mãos, disciplina, instruções de conduta, roteiro de sessão, etc. Vamos dar também os meios simples e diretos (de uso imediato) para que todos possam manter a boa forma mediúnica "terapeuticamente"... vejamos a questão dos banhos, defumadores e perfumes propiciatórios..

TERCEIRA PARTE

PLANTAS, ERVAS E PERFUMES PLANETÁRIOS PARA
BANHOS REVITALIZANTES OU DE DESCARGA,
DEFUMAÇÕES E ESSÊNCIAS PROPICIATÓRIAS,
DE ACORDO COM AS LINHAS DE ORIXÁ QUE TÊM
RELAÇÕES VIBRATÓRIAS COM O PLANETA REGENTE E O
SIGNO DA PESSOA-MÉDIUM OU INICIANDO E CUJA
IDENTIFICAÇÃO PODE SER FEITA PELO MAPA A,
QUE DÁ AS CORRESPONDÊNCIAS CERTAS PELA
DATA DO NASCIMENTO

1ª **Observação** — Essas ervas ou plantas devem ser usadas verdes, da seguinte forma simples: triturar com os dedos as ervas, dentro da quantidade de água adequada (1 litro), fria ou morna (de acordo). Depois coar para separar o bagaço e despejar a água que já deve estar misturada com o sumo das ervas, do pescoço para baixo. As folhas das ervas que ficaram separadas pela coação, jogar fora de qualquer maneira e o banho que desceu naturalmente pelo corpo da pessoa se escoa pelos lugares comuns do banheiro etc., e se não houver banheiro, a pessoa se põe dentro de uma bacia ou coisa semelhante, usa o banho e depois joga o resto fora.

2ª **Observação** — As defumações são feitas com as ervas secas e na forma usual e já conhecidas por todos. Dispensa pormenores.

3ª **Observação** — As essências ou perfumes propiciatórios tanto podem ser usados da forma comum — sobre o corpo, lenço, partes do dito corpo, etc., como podem ser usados assim: para 1 litro de água, adicionar 1 colherinha de chá do perfume ou essência, depois derramar tudo da cabeça para baixo (em todo corpo).

4ª Observação — Nos banhos de cada linha ou planeta, se houver falta de uma ou outra dentre as nove, a pessoa faz combinações de três (ou mesmo 5, 7) das que tiver facilidade de arranjar.

LINHA DE OXALÁ[12]
ERVAS E PERFUMES DO SOL

Combinações ternárias para banhos e defumadores

A	B	C
Arruda	Folhas (ou flores)	Folha (ou flores)
Folhas (ou flores)	de Maracujá	de Laranjeira
de Jasmim	Erva-cidreira	Folhas de Levante
Alecrim de jardim	Hortelã	Folhas (ou flores)
		de girassol

Perfumes propiciatórios: Sândalo, Jasmim, Acácia, Angélica

---

[12] As ervas ou plantas da linha de OXALÁ foram rigorosamente selecionadas — São Solares. São conhecidas e comprovadas as suas virtudes terapêuticas e astrais, além de outras qualidades e ligações mágicas... devido a essas condições, o sumo dessas ervas são os mais apropriados para as fixações ditas como "amacys de cabeça". O Sol é nosso centro de força e luz; irradia e vitaliza tudo. Todas as coisas sofrem a sua influência direta. Essas plantas que estão sempre carregadas de sua energia, de seu "prana", podem ser usadas por todos, pois só farão bem...

LINHA DE YEMANJÁ
ERVAS E PERFUMES

Combinações ternárias para banhos e defumadores

A	B	C
Folhas de Lágrima-de-nossa-senhora	Erva-da-lua	Folhas (ou flores) da Violeta amarela
Folhas do Quitoco	Folhas da Panacéia	Folha de Avenca
Manacá (folhas e flores)	Folhas (ou flores) da Violeta	Folhas (ou flores) de Açucena

Perfumes propiciatórios: Verbena, Açucena

LINHA DE YORI (DAS CRIANÇAS)
ERVAS E PERFUMES DE MERCÚRIO

Combinações ternárias para banhos e defumadores

A	B	C
Erva-pombinha	Folhas de Maravilha	Folhas de Carapiá
Erva-de-São-Jacó	Folhas de Melão de São-Caetano	Capim-limão
Manjericão (das três qualidades)	Folhas (ou flores) do Crisântemo-branco	Folhas de Verbena

Perfumes propiciatórios: Benjoim, Alfazema, Verbena

LINHA DE XANGÔ
ERVAS E PERFUMES DE JÚPITER
Combinações ternárias para banhos e defumadores

A	B	C
Alecrim-do-mato	Folhas do Fedegoso	Folhas de Goiabeira
Folhas (ou flores) do	Velame-do-mato	Folhas do Camará
Lírio de cachoeira ou rio Carrapichinho	Folhas de Congonha-do-mato	Amor-do-campo ou Erva-tostão

Perfumes propiciatórios: Bálsamo, Mirra

LINHA DE OGUM
ERVAS E PERFUMES DE MARTE
Combinações ternárias para banhos e defumadores

A	B	C
Folhas de Jurubeba	Erva-lanceta	Azaléia
Madressilva	*Folha (ou flor) da Tulipa*	Erva-pipi
Folhas do Macaé	Folhas de Samambaia	Mãe-boa

Perfumes propiciatórios: Aloés, Tuberosa, Ciclame

LINHA DE OXOSSI
ERVAS E PERFUMES DE VÊNUS
Combinações ternárias para banhos e defumadores

A	B	C
Malva-rosa	Parreira -do-mato	Folhas de Guiné-Caboclo
Folhas (ou flores) do Malvaísco	Folhas do Gervão	Folhas de Jurema
Sabugueiro	Saco-saco	
Coentro-de-Caboclo		

Perfumes propiciatórios: Narciso, Jacinto, Violeta

LINHA DE YORIMÁ
ERVAS E PERFUMES DE SATURNO
(dos Pretos-Velhos)
Combinações ternárias para banhos e defumadores

A	B	C
Folhas do Guiné-pipiu	Vassoura preta (folhas)	Folhas de trombeta
Folhas de café	Folhas de cambará	Cataia ou Erva-
Vassoura-branca	Folhas de Alfavaca	de-bicho (folhas)
		Sete-sangrias

Perfumes propiciatórios: Alfazema, Junquilho, Mandrágora

A MAGIA DAS OFERENDAS NA UMBANDA – DE ACORDO COM AS 7 LINHAS. DISCRIMINAÇÃO COMPLETA.

AS CHAMADAS "COMIDAS DE SANTO" – SEUS ELEMENTOS, MATERIAIS NOS "CANDOMBLÉS" EM FACE DA QUIMBANDA OU DOS "DESPACHOS" PARA EXU...

OS SINAIS OU OS PONTOS RISCADOS DE FORÇA, DOS 7 ORIXÁS OU LINHAS, PARA AS OFERENDAS, ETC. DENTRO DO ASPECTO POSITIVO OU DA MAGIA BRANCA...

Prezado irmão leitor — umbandista ou candomblecista — não importa o que você seja. O que importa agora é o seguinte: você sabe o que é uma oferenda, dentro da Corrente Astral de Umbanda, o que significa e o que pode movimentar de bom e de mau, se fugir de seu aspecto correto?...

Oferenda — cremos que qualquer um sabe — no puro sentido do termo, é uma coisa, um objeto ou aquilo que se oferece; porém, oferenda na interpretação puramente religiosa passa a ser oblata, que significa, pelo sentido que lhe imprimiu a Igreja Apostólica Romana — tudo o que se oferecem a Deus ou aos Santos na dita igreja... ou seja, esse tudo que se oferece, implicando no aspecto da oferta material, financeira, etc...

Oferenda nos chamados "candomblés" significa quase a mesma coisa, isto é, ofertam tudo sob a denominação de "comidas de santo" a seus Orixás. Apenas a Olorum, que é Deus, nada ofertam de material...

A oferenda na Corrente Astral de Umbanda difere bastante, quer do sentido da oblata da igreja, quer do sentido das oferendas ou das "comidas de santo" dos "camdomblés" ou Cultos Africanos. Por quê?...

MISTÉRIOS E PRÁTICAS DA LEI DE UMBANDA

Porque na Umbanda a oferenda existe, porém dentro do seguinte conceito: Deus — o Pai-Eterno, Jesus — o Cristo Planetário, as Potências Espirituais Superiores, isto é, os Orixás, os Arcanjos, ou mesmo os Anjos, etc., só se comprazem com a "oferenda" ou com a oferta mental — do sentimento, do coração, do pensamento, assim como o que se possa interpretar como prece, oração, evocação etc...

Agora, abaixo de Deus, de Jesus, dessas Potências Celestiais, existem os ESPÍRITOS em seus diferentes graus de evolução de entendimento, etc. Aos espíritos, dentro de certos graus de entendimento, isto é, aos espíritos que ainda sentem necessidade delas — das oferendas — e ainda aos que se comprazem com certos tipos de ofertas, a eles assim são encaminhadas, tudo de acordo com a movimentação de certas forças mágicas, dentro da citada Corrente Astral de Umbanda. E ainda temos que considerar mais esse terceiro aspecto: a maioria de nossas entidades, "Guias ou Protetores", podem solicitar uma oferenda sem ter necessidade direta dela e nem mesmo para se comprazer dela. Pedem e usam a oferenda, para certos movimentos de força mágica relacionados com os "elementares" — ditos como "espíritos da natureza"...

Portanto, a oferenda na Umbanda existe, mas para espíritos (nome pelo qual designam os seres desencarnados...) e nunca para Deus, nem para Jesus, nem para os Orixás. Existem ou são feitas para os espíritos que estão dentro da faixa dos Orixás... compreendido?[13]

E ainda tem que se observar na oferenda a qualidade dos materiais a serem ofertados, porque os de qualidade inferior, grosseira,

---

[13] Existe um estado de coisas no meio umbandista, cimentado, movimentado, tudo relacionado com o caso oferendas. Não inventamos isso, é claro, nem podemos suprimi-lo, como seria o ideal, caso nossa raça já se encontrasse na dita Sexta Ronda Cármica (estamos na quinta, falta muito ainda). No entanto, sabemos que a coisa ou a questão oferenda está completamente desvirtuada, errada em sua prática dentro do meio. O que se impõe, nessa altura, logo que não há outro jeito? ensinar, pelo menos é o lado mais certo da questão a fim de que não errem tanto, não se envolvam tanto com o baixo astral, conforme é o caso da maioria, nessa questão das oferendas ou "comidas de santo"...

assim como todo material ou elemento proveniente de sacrifício de animais, com sangue etc., não são próprios da Corrente Astral de Umbanda e sim dos chamados "candomblés"... e da Quiumbanda também.

Como é de nosso desejo, nessa questão de oferendas elucidar e não atacar nem desfazer diretamente do grau de entendimento das pessoas ou dos irmãos ainda arraigados a certos tipos de oferendas — conhecidas mais como "comidas de santo", sabendo-se que nem a natureza dá saltos, nem o citado entendimento também, estamos abordando o assunto e revelando o lado correto da arte mágica de ofertar elementos materiais aos seres desencarnados dos planos afins da Umbanda.

De princípio, devemos frisar que a oferenda, seja ela de qual tipo for, foge do puro aspecto religioso e passa a se ligar ao aspecto mágico pela cerimônia, pelo rito (seja ele o mais simples), pela fixação mental da imagem desejada sobre a coisa ofertada e daí procurando ligar-se ao ser espiritual a quem se ofertou, seja ele uma potência ou um espírito qualquer... porque, desde que existe uma oferenda, passa a existir a correspondente atração de elementos afins sobre ela, sejam eles quais forem...

E sem querermos (e podermos) aprofundar-nos muito nesse assunto, afirmamos com a experiência de 26 anos de lidar e ver lidar com esse ângulo, que a oferenda está intimamente ligada à magia ou às forças mágicas...

Oferenda é coisa material; esta é condensação de elementos radicais da natureza, em sólidos, líquidos, gasosos etc. Esses elementos são forças elementais, vitais, da dita natura; são, enfim, as correntes fluídicas ou eletromagnéticas primordiais que são o mesmo que as Linhas de Força que a tudo comandam. E sem linhas de força não há magia, porque magia é a arte real, é a Lei Cósmica, básica, que regula todos os movimentos e tudo que existe dentro do infinito espaço cósmico... e regulando, manipulando as Forças mágicas ou a Magia, está a Inteligência do Espírito, estão as Potências Espirituais, ou seja, uma Suprema Inteligência Cósmica...

MISTÉRIOS E PRÁTICAS DA LEI DE UMBANDA

Mesmo o que se possa entender como a pura magia mental, é coisa que vibra, forma corrente, é pensamento e vibrando é energia, existe fisicamente, se plasma, se fixa e se objetiva em alguma coisa que tem vida concreta...

Mas para que se possa assimilar bem todo esse tema oferenda versus magia, torna-se necessário definirmos logo certo ângulo muito falado, interpretado e denominado ora como magia branca, ora como magia negra, quer no meio umbandista propriamente dito, quer em outros setores...

Magia, já o dissemos, é a Arte Real, é a Sabedoria Integral é a Ciência dos Magos, é a Lei Cósmica, básica, é enfim a força usada para manipular, movimentar a estrutura íntima de tudo que existe ou tem vida, dentro do espaço cósmico e própria à natura naturandis.

Magia é, portanto, uma só realidade, uma só força...

Agora, as suas variações, ou seja, as apropriações de seus elementos de força para fins diversos nos planos e subplanos da vida astral para se ligar às condições humanas, formam o que vulgarmente se entende ou se interpreta como magia branca — logo que se aplique para fins positivos. Havendo derivação para fins negativos, então se diz como magia negra...

Assim é que no meio umbandista se fala em magia negra como coisa ligada a Quimbanda e em magia branca como coisa ligada a Umbanda propriamente dita. O fato é que a interpretação está assim estabelecida...

Então, estabeleçamos o conceito: — em tódas as oferendas que entrarem os elementos materiais considerados grosseiros ou inferiores, assim como carnes de animais diversos — bichos de pêlo e pena — cujo habitat seja o ambiente terra (porque há os bichos do ambiente água, assim como os peixes, etc.), e que implique em sacrifício ou matança com sangue, líquidos alcoólicos inferiores, assim como aguardente (a vulgar marafa) etc:, bem como a anexação de objetos de cor preta, assim como panos e bruxas de pano e outros tipos de bonecos, alfinetes, agulhas, linhas, ponteiros ou punhais, fitas negras, alguidares, panelas, pólvora ou tuia etc., tudo isso pode-se considerar como ligado às forças negras ou à magia negra... e só tem campo de assentamento ou aceitação, da chamada Quiumbanda — com seus Exus guardiães — para a Quiumbanda, com todo seu cortejo de espíritos atrasadíssimos, aos quais denominamos de quiumbas e que formam com suas variadas classes o que se diz e é propriamente o baixo astral.

Agora, todo tipo de oferenda escoimado dos elementos materiais acima citados está relacionado com as forças brancas ou com a magia branca. Esta magia branca é usada pelos Caboclos, Pretos-Velhos etc., com um poder maior, decuplicado, porque ligam ao aspecto oferenda o ângulo cabalístico, ou seja, dos sinais riscados ou lei de pemba.

Cremos ter ficado bastante claro a diferenciação exposta, que fize-mos dentro de confrontos simples, ao alcance de qualquer irmão umbandista ou não...

Então vamos agora entrar no âmbito direto da questão das ofertas, para os espíritos da Corrente Astral de Umbanda, classificando-as em TRÊS aspectos:

OFERENDAS PARA A BANDA DOS CABOCLOS;

OFERENDAS PARA A BANDA DOS PRETOS-VELHOS;

OFERENDAS PARA A BANDA DAS CRIANÇAS.

Porém, antes de discriminarmos os materiais a serem ofertados, quer para as falanges de espíritos no grau de protetores, quer para as falanges de espíritos no grau de guias e daí para cima, pois que há ainda essa diferença a se considerar na Corrente Astral de Umbanda, suscitemos e respondamos logo à seguinte pergunta:

— Os Espíritos comem as coisas ou os elementos materiais ofertados?

Resposta:

— Não, não comem e nem poderiam comê-los... Todavia, é um fato que muitos desses espíritos absorvem fluidicamente as emanações das coisas ou dos elementos materiais ofertados, pela necessidade que ainda têm ou sentem deles (exemplo: – uma pessoa é fumante inveterado, desencarna e logo que tem consciência do seu estado, no astral, volta a sentir, imperiosamente, todas as necessidades psíqui-

MISTÉRIOS E PRÁTICAS DA LEI DE UMBANDA   133

cas, ou seja, todos os desejos fortes pelas coisas que deixou, inclusive o vício de fumar[14] que adquire, em muitos espíritos, a condição de verdadeira tentação. Nesse caso está o vício do álcool e outros mais)... e quanto a outros espíritos, apenas se comprazem com ela, isto é, com a oferenda, tudo de acordo com a qualidade da coisa ofertada.

Assim, deve ficar bem claro e bem entendido que a qualidade do material ou dos objetos ofertados é que determina a atração afim da classe de espíritos a quem se ofertou...

Portanto, dentro do critério acima definido, é regra na Umbanda verdadeira, é palavra de ordem dos verdadeiros Caboclos, Pretos-Velhos etc., não se alimentar o vício ou os desejos inferiores dos espíritos atrasados, isto é, dos seres que estão ainda no plano considerado como do baixo astral, com certos tipos de oferendas grosseiras, sem que haja absoluta necessidade disso, e assim mesmo, sob o controle direto de uma entidade responsável.

Isso tudo bem compreendido, vamos agora saber quais as espécies de oferendas que são apropriadas às atrações afins nas TRÊS Bandas: Caboclos, Pretos-Velhos e Crianças — dentro do que há de mais correto, de mais puro, na Corrente Astral de Umbanda.

Observação importante:

Dizemos "o que há de mais correto, mais puro etc.", porque já demos em outras obras, nossas, vários tipos de ofertas, porém sempre obedecendo a um sentido particular ou a um aspecto mágico e fenomênico especial.

---

[14] Nessa questão do fumo, há de se considerar dois aspectos: – o do vício de fumar – que é o desejo incontido de absorver esse elemento – e o uso da fumaça do fumo, para fins de manipulação com certa classe de elementais, para descargas ou desagregações fluídicas de larvas... Nossos caboclos e Pretos-Velhos não estão arraigados ao vício de fumar, no entanto, quando incorporados (através dos médiuns) costumam fumar. É claro que estão manipulando, descarregando, procedendo a certas desagregações fluídicas no ambiente do terreiro ou mesmo sobre um paciente. Agora é preciso entender que na falange de uma entidade Caboclo ou Preto-Velho etc., existem os espíritos que estão na sua faixa afim, cooperando para o Bem mas que ainda estão presos ao vício de fumar, tanto quanto inúmeras pessoas bondosas, instruídas – aqui na vida terrena, é claro.

Tanto assim, que em nossa citada obra *Umbanda de Todos Nós*, às págs. 304 a 307 da 2ª edição e nas págs. 299 a 301 da 1ª edição, constam para cada uma das sete linhas, formas de oferenda relativa à condição do ofertante como médium e que se esteja preparando, se iniciando, tudo obedecendo a uma série de fixações mágicas da lei de pemba e de acordo com o "ideograma" do chakra. Essas oferendas ali estão implicitamente ligadas ao aspecto batismo, confirmação, preparação etc. Em todas ligamos o elemento vinho, sumo de ervas etc.

Naturalmente que esses aspectos são para casos especiais de preparações ou de iniciações e só para médiuns bastante adiantados. Aqui, o aspecto oferendas não está dentro dessas condições e o conhecimento que se vai adquirir sobre elas — nessa obra — é mais simples, porque se prende à questão de saber quais os elementos ou os materiais (comidas etc.) que as falanges de Caboclos, Pretos-Velhos e crianças aceitam na Corrente Astral de Umbanda, de um modo geral — o que é muito importante, visto abarcar tudo... daí, "para quem sabe ler, um pingo é letra". Podem ser usados para todos os aspectos de ligação com as entidades afins, menos um: não podem ser usados para ofertar em pedidos de natureza negativa ou de maldade... não surtirão efeito e o ignorante que assim proceder será logo castigado pelo astral limpo que ele pretendeu sujar... Entendido?..

ELEMENTOS DE OFERENDAS PARA A BANDA DOS ESPÍRITOS DE CABOCLOS, DE ACORDO COM A LINHA DE ORIXÁ, DIA, CORES, LOCAIS ETC., NA VIBRAÇÃO DA MAGIA BRANCA

Para Caboclos no grau de Protetores, da Linha ou Vibração de Oxalá...

Elementos materiais

O pão de forma. O azeite doce. A alface. O suco de uva. As frutas diversas. As velas comuns. As flores, de preferência brancas,

MISTÉRIOS E PRÁTICAS DA LEI DE UMBANDA

assim como cravos, jasmins etc. O pano de cor branca ou amarela. Os recipientes de louça branca.

Como proceder

Em travessa ou pratos de louça branca, forrados com alface, se coloca o pão inteiro cortado em 7 fatias, untado com azeite doce. Em outros pratos ou travessas, colocar as frutas diversas e nas tigelas de louça branca, botar o suco de uva simples ou em forma de refresco. Esse material assim pronto deve ser todo colocado em cima do pano na cor citada e no tamanho que seja necessário, de preferência com 0,70cm de comprimento. As flores devem ser postas também sobre o pano a gosto do ofertante, bem como as velas comuns serão colocadas em posições adequadas, tudo sobre o dito pano, contanto que não queimem o preceito que para isso devem ser acesas em cima de pires pequenos apropriados e, senão, que se acendam em torno do pano no chão. Se a oferta for para pedido de um benefício material, o número de velas acesas deve ser PAR e se for pára preceito de ordem puramente espiritual ou mediúnica, o número de velas deve ser ÍMPAR.

Qualquer dia serve para essa finalidade, contanto que não se faça essa oferenda depois das 18 horas. Todavia se se quiser um maior efeito mágico nessa oferta, deve ser feita e entregue no dia de DOMINGO (dia Solar) e se possível dentro da hora solar ou planetária (veja-se para isso o *Almanaque do Pensamento*, que traz toda essa questão de horas planetárias). O local apropriado para oferendas às entidades da vibração ou da Linha de Oxalá deve ser na beira de um rio ou à margem de cachoeiras, porém, na falta disso, as entradas de matas ou de bosques servem, escolhendo-se os locais mais floridos ou mais arborizados...

Obs.: O aconselhável mesmo é o uso de uva, mas pode ser substituído pelo vinho branco puro. Quanto a fumo, é absolutamente desnecessário, pois as verdadeiras entidades dessa vibração não o aceitam, nem usam. E ainda: sobre o pano em que se depositam essas ofertas, podem ser riscados os pontos adequados ao caso. Pode ser também traçado o ponto riscado da figura nº 1 que consta adiante, ou ainda o triângulo-fluídico do Orixá que consta de um mapa de correlações e identificações sobre linhas, planetas, pontos cardeais, tatwas etc., tudo na pág. 138 de nossa obra *Lições de Umbanda e Quimbanda na Palavra de um Preto-Velho...*

Quanto às entidades no grau de GUIAS, dessa Linha ou Vibração de Oxalá, assim como o Caboclo Urubatão da Guia, Ubiratan, Ubirajara etc., locais, horas e dia são os mesmos, porém só aceitam como oferendas ligadas ao aspecto mágico o pano para firmar sinais cabalísticos ou os pontos, as velas de cera, nas condições de par ou ímpar acima estipuladas e as flores...

FIGURA Nº 1

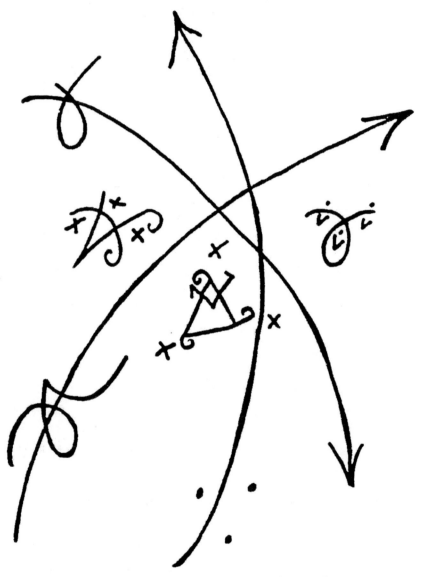

Sinais riscados da Lei de Pemba da LINHA DE OXALÁ. "PONTO" DE IMANTAÇÃO DE FORÇAS desta VIBRAÇÃO, dentro da MAGIA BRANCA.

Para as Caboclas no grau de Protetores, da Linha ou Vibração de YEMANJÁ...

Elementos materiais

Moqueca de peixe. Postas de qualquer peixe de escama. Leite de coco. Camarão seco. Arroz-doce. Água de coco verde. Polpa do coco maduro. Perfume de qualquer natureza. Flores diversas.

Pano nas cores que se harmonizam com a vibração: o amarelo, o prateado. Louça branca. Vinho com aniz. Velas comuns. Pemba branca. Folha de bananeira.

Como proceder

As moquecas, as postas de peixe fritas em óleo vegetal e depois ensopadas no leite de coco, o arroz-doce, também no coco, o camarão seco e frito no óleo, bem como pedaços de coco maduro, tudo isso é depositado em pratos ou travessas de louça, de preferência forrados com folhas de bananeira, para depois serem distribuídos sobre o pano na cor escolhida, a jeito do ofertante. Em tigelas se depositam as bebidas, ou seja, o vinho com aniz ou a água de coco verde, tudo para ser arrumado também sobre o pano, bem como as flores e as velas, contanto que estas não possam queimar o preceito. O perfume pode ser derramado sobre algodão, a fim de ficar espalhando seu cheiro. Também, como é da tradição corrente no meio, podem-se adicionar pentes, espelhos etc. O local apropriado para essa entrega de oferenda deve ser a praia, numa distância conveniente, isto é, onde as ondas não destruam o preceito. É erro jogar o preceito dentro das águas do mar. Observar sempre a questão do número de velas: se par, para pedidos de ordem material e se ímpar, somente para afirmações de natureza espiritual ou mediúnica etc.

Qualquer dia serve para isso, porém se a oferenda ou o preceito for entregue num dia de SEGUNDA-FEIRA (dia da Lua) e ainda dentro de uma hora planetária da Lua, obtém-se um efeito de ligação mágica muito mais positivo com as forças invocadas...

MISTÉRIOS E PRÁTICAS DA LEI DE UMBANDA 139

Obs.: O pano tanto vai servir de "mesa", como de fixador caba-lístico dos sinais riscados ou pontos adequados·ao caso da oferenda. A figura nº 2 encontrada adiante, serve para ser traçada no ponto... tem força de imantação. Também aconselhamos seguir a recomen-dação da observação anterior, sobre a questão dos triângulos-fluídicos dos Orixás. Um ou outro serve.

Quanto aos espíritos no grau de GUIAS, só aceitam como oferendas para as ligações mágicas, o pano, a pemba, as flores e as velas de cera, nas condições de par ou ímpar já especificadas. Local, dia e horas, os mesmos...

FIGURA Nº 2

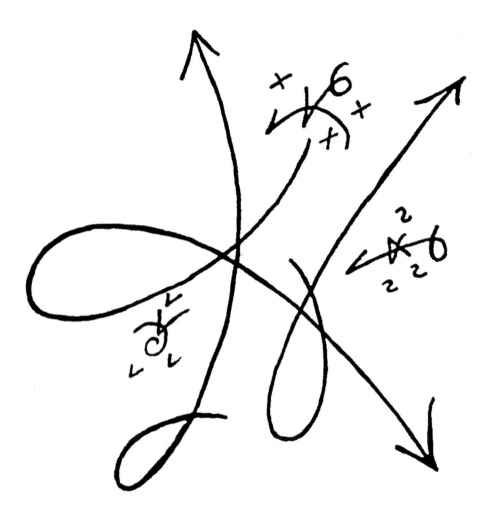

Sinais riscados da Lei de Pemba da LINHA DE YEMANJÁ.
"PONTO" DE IMANTAÇÃO DE FORÇAS desta VIBRAÇÃO,
dentro da MAGIA BRANCA.

Para os Caboclos no grau de Protetores, da Linha ou Vibração de XANGÔ

Elementos materiais

Batata-doce. Espigas de milho verde. Abóbora. Postas de coco maduro. Vinho misturado no leite de coco. Caruru. Fumo na forma de charutos ou cigarros de palha de milho. Flores diversas. Vasilhame de louça branca. Pano nas cores que se harmonizam com a vibração: verde, ciclame. Velas comuns. Pemba branca.

Como proceder

Forrar o vasilhame de louça branca, o necessário, com essa planta conhecida como caruru. Isso feito podem-se colocar nesses pratos ou travessas a batata-doce, cozinhada na água sem sal, as espigas de milho, também preparadas na água sem sal, bem como postas de abóbora, nas mesmas condições. Também nos pratos podem-se colocar pedaços de coco maduro. Todos esses elementos podem ser ofertados juntos ou em partes, à escolha ou de acordo com as posses ou a natureza do preceito. Quanto ao vinho branco misturado com leite de coco é colocado em tigelas de louça.

Tudo isso deve ser colocado sobre o pano já escolhido na cor desejada, de 0,70cm de comprimento ou no tamanho necessário. Os cigarros ou os charutos e as flores também são colocados sobre o pano, bem como as velas comuns, de sorte que não queimem o preceito, ou então em torno do pano, no chão... as velas em número par, pedido de um benefício de ordem material e as velas em número ímpar, para preceitos de ordem espiritual ou mediúnica etc. A entrega da oferenda para os caboclos da Linha ou Vibração de Xangô é feita nas CACHOEIRAS nas PEDREIRAS etc. Qualquer dia serve, contanto que se faça a entrega antes das 21 horas. No entanto para se obter uma maior ligação mágica com essas oferendas devem ser feitas e entregues numa QUINTA-FEIRA (dia de Júpiter) e se dentro de uma hora planetária de Júpiter, ainda melhor...

Obs.: O pano, como se sabe, é para servir de "mesa" às ofertas e também para se riscar os pontos adequados ao caso da oferenda. A figura nº 3, encontrada adiante, serve para qualquer fixação de forças positivas na magia (seguir também as recomendações da observação constante da Linha de Oxalá, sobre a questão dos triângulos-fluídicos). Na falta do vinho, pode se usar cerveja preta..

Quanto aos espíritos no grau de GUIAS, só aceitam, para as res-pectivas ligações mágicas, o pano, a pemba, as flores e as velas de cera, nas condições de par e ímpar já especificadas acima. Local, dias, horas etc., os mesmos...

FIGURA Nº 3

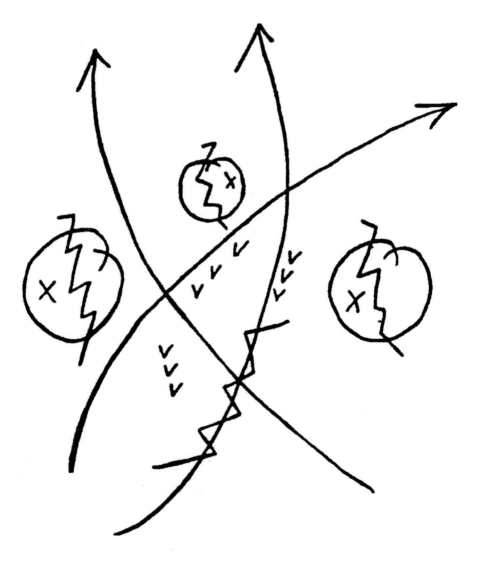

Sinais riscados da Lei de Pemba da LINHA DE XANGÔ. "PONTO" DE IMANTAÇÃO DE FORÇAS desta VIBRAÇÃO, dentro da MAGIA BRANCA.

Para os Caboclos no grau de Protetores, da Linha ou Vibração de OGUM

Elementos materiais

O aipim. A batata-doce. A abóbora. O milho verde. Fumo na forma de charutos ou cigarros de palha. Frutas diversas. Vinho com chá-preto ou na falta disso, pode ser usada a tradicional cerveja branca. Louça na cor branca. Pano na cor que se harmoniza com a vibração: vermelho, laranja, púrpura. Pemba branca. Cipó-Caboclo. Velas comuns.

Como proceder

Em pratos ou travessas nas cores acima (e se possível, forradas com folhas de cipó-Caboclo) depositar o aipim em postas, a batata-doce, a abóbora e se tiver, o milho verde em espigas (sendo tudo cozinhado, antes, na água sem sal), juntos ou em partes, tudo a gosto do ofertante. Isso feito, colocar esses materiais, ou parte deles, sobre o pano escolhido no tamanho adequado ou com 0,70cm de comprimento. Depois, ainda sobre o pano, distribuir a jeito, as tigelas com o vinho de mistura com chá-preto ou mesmo a cerveja branca, bem como os charutos etc., as flores e as velas comuns contanto que estas não possam queimar o preceito. Acender as velas em número par para pedidos de ordem material e em número ímpar para afirmações de ordem espiritual ou mediúnica. Qualquer dia pode servir para essas entregas de oferendas, porém se forem entregues numa TERÇA-FEIRA (dia de Marte) obtém-se uma maior ligação mágica com a corrente invocada, mormente se dentro de uma hora planetária de Marte. O local apropriado para essa entrega de oferenda tanto pode ser a MATA como o MAR ou a PRAIA. A escolha é feita de acordo com a afinidade do Caboclo por um desses elementos da natureza. Exemplo: se for o Caboclo um ogum-do-mar, é o mar; se for um Caboclo de afinidade pelo elemento mata, é a mata.

Obs.: O pano serve para riscar pontos adequados ao caso. A figura nº 4, de um ponto riscado da Linha de Ogum serve para traçar no pano, bem como um triângulo-fluídico do Orixá (ver a pág. 138 de nossa obra *Lições de Umbanda e Quimbanda na Palavra de um Preto-Velho*).

Quanto aos espíritos no grau de GUIAS dessa Linha, só aceitam para as respectivas ligações mágicas a oferenda do pano, das velas de cera, nas condições de par ou ímpar já especificadas, as flores, a pemba. Local, dia, horas etc., os mesmos.

FIGURA Nº 4

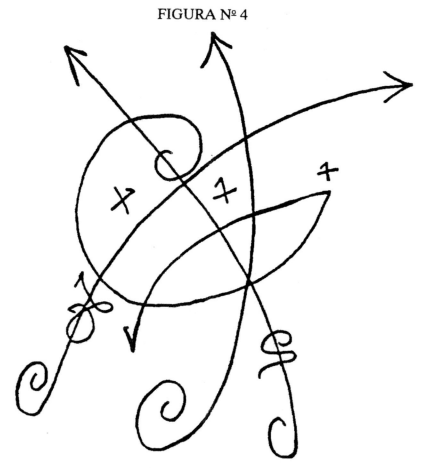

Sinais riscados da Lei de Pemba da LINHA DE OGUM. "PONTO" DE IMPLANTAÇÃO DE FORÇAS desta VIBRAÇÃO, dentro da MAGIA BRANCA.

Para os Caboclos no grau de Protetores da Linha ou Vibração de OXOSSI...

Elementos materiais

O aipim. A batata-doce. Abóbora. O milho verde. O mel de abelha. Vinho. Infusão da casca da jurema no vinho. Frutas diversas. Fumo na forma de charutos ou cigarros de palha. Pano na cor azul, azul-celeste ou qualquer tonalidade do azul. Louça na cor branca ou azul. Velas comuns. Pemba branca. Hortelã.

Como proceder

Em pratos ou travessas nas cores citadas, e sempre forradas de folhas de hortelã (caso seja possível), depositar o aipim, batata-doce e abóbora tudo cozinhado na água sem sal e em quantidades adequadas, untadas ou cobertas de mel de abelhas. Num prato também colocar as frutas que se queiram. Quanto ao vinho misturado com mel de abelha ou a infusão da casca da jurema no vinho (coado), coloca-se em tigelas de louça. Todos esses elementos materiais são colocados sobre o pano (a jeito) de 0,70 cm de comprimento ou do tamanho necessário, bem como os charutos e as flores, tudo de acordo com o gosto do ofertante. As velas são colocadas em posições adequadas sobre o pano, contanto que não queimem o preceito. Já se sabe que as velas em número par é para pedidos de ordem material e em número ímpar é para preceitos de ordem espiritual ou mediúnica. Qualquer dia serve para fazer essas oferendas, porém se forem entregues numa SEXTA-FEIRA (dia de Vênus) obtém-se maior efeito mágico, mormente se forem entregues numa hora planetária de Vênus.

Obs.: O pano tanto se usa para servir de "mesa" às oferendas como para traçar os pontos adequados ao caso ou à natureza do pedido. A figura nº 5, encontrada adiante serve para qualquer fixação de força sobre esse citado pano. Observar também, caso se queira, a questão dos triângulos-fluídicos dos Orixás que indicamos na observação da Linha de Oxalá.

Quanto aos espíritos no grau de GUIAS, dessa Linha ou Vibração de Oxossi, só aceitam para as respectivas ligações mágicas o pano, a pemba, as flores e as velas de cera, nas condições de par ou ímpar, já especificadas anteriormente. Local, dia, horas etc., são os mesmos.

FIGURA Nº 5

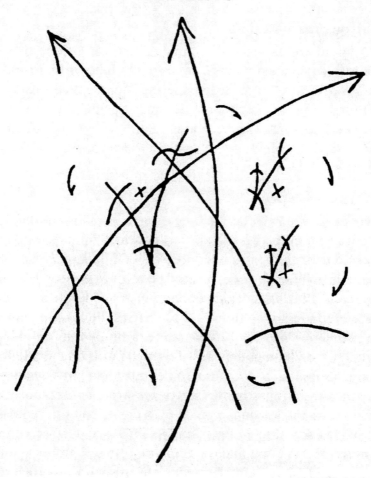

Sinais riscados da Lei de Pemba da LINHA DE OXOSSI. "PONTO" DE IMANTAÇÃO DE FORÇAS desta VIBRAÇÃO, dentro da MAGIA BRANCA.

ELEMENTOS DE OFERENDAS PARA A BANDA DOS ESPÍRITOS DE PRETOS-VELHOS, DE ACORDO COM A LINHA DE ORIXÁ, CORES, DIA ETC., NA VIBRAÇÃO DA MAGIA BRANCA

Para Pretos-Velhos no grau de Protetores da Linha de YORIMÁ

Elementos materiais

O milho em espigas. O aipim. A canjica. O leite de coco. A farinha torrada com sal. O café amargo. O vinho tinto. Frutas diversas. Flores diversas. Folha de bananeira. Cachimbos de madeira simples. O fumo de rolo. Recipiente de louça de qualquer cor ou qualidade. Velas comuns. Pemba branca. Pano na cor que se harmoniza com a vibração: violeta, roxo, castanho-escuro, preto e branco no tipo "xadrez".

Como proceder

Nos pratos ou tigelas de louça, forrados com a folha de bananeira, colocar o milho assado em espigas ou o aipim assado na brasa (ou mesmo frito em postas num óleo vegetal qualquer), ou o angu, a canjica feita no leite de coco, ou ainda o milho assado e debulhado de mistura com a farinha torrada em algumas pitadas de sal. Tudo isso pode ser ofertado em conjunto ou em partes, de acordo com as posses do ofertante ou o caso ou a natureza do pedido ou preceito. O café amargo e o vinho podem ser ofertados puros ou misturados, dentro de tigelas de louça, em número de uma, duas, três e mais tigelas. Agora todos esses ingredientes são necessariamente colocados sobre o pano do tamanho adequado ou de 0,70 cm de comprimento e na cor que se tenha escolhido e afim. Ainda sobre esse pano se colocam os cachimbos (1, 3, 5, 7 ou mais) o fumo de rolo e as flores a jeito, bem como se acendem as velas firmadas em pratinho ou pires, de sorte que não queimem o preceito, ou então podem ser acesas em torno do pano no chão. Velas em número ímpar, se forem num pedido ou preceito de ordem puramente espiritual ou mediúnico etc. Qualquer

MISTÉRIOS E PRÁTICAS DA LEI DE UMBANDA 149

dia serve para essa oferenda, contanto que não ultrapasse das 21 horas a entrega. Porém se se quiser maior ligação com as forças mágicas, as oferendas para os Pretos-Velhos devem ser entregues num SÁBADO, (dia de Saturno) e não ultrapasse das 21 horas e se possível numa hora planetária de Saturno. O local mais apropriado para essas entregas de oferendas de Pretos-Velhos é a MATA, sob árvores frondosas e especialmente na base dos troncos.

Obs.: Nesse pano que recebe as ofertas, pode ser traçado um ponto riscado adequado ao caso do preceito. O ponto da figura nº 6, que consta adiante, é apropriado para esses casos também, é ponto de força.

Se o ofertante conhecer os triângulos-fluídicos do Orixá (ver citação na observação da Linha de Oxalá sobre o assunto), também pode riscá-lo, se adapta perfeitamente a qualquer caso de oferenda para pretos-velhos. Outros detalhes ficam a critério da vivacidade do ofertante ou mesmo do conhecimento que já tenha do assunto.

Quanto às oferendas para as entidades no grau de GUIAS dessa Linha ou Vibração de YORIMÁ — dos Pretos-Velhos, elas só aceitam para as referidas ligações mágicas o pano, as flores, as velas de cera de acordo com as condições de par e ímpar já especificadas e a pemba para riscar. Local, horas, dia etc., são os mesmos.

FIGURA Nº 6

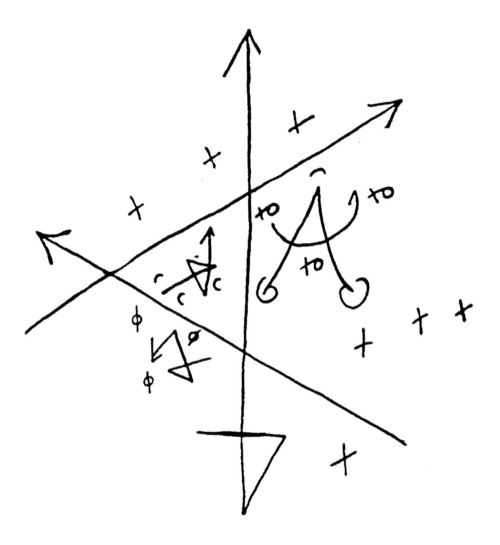

Sinais riscados da Lei de Pemba da LINHA DE YORIMÁ
(PRETOS-VELHOS). "PONTO" DE IMANTAÇÃO DE FORÇAS
desta VIBRAÇÃO, dentro da MAGIA BRANCA.

ELEMENTOS DE OFERENDAS PARA A BANDA DOS ESPÍRITOS DE CRIANÇAS, DE ACORDO COM A LINHA DE ORIXÁ, CORES, DIA ETC., NA VIBRAÇÃO DA MAGIA BRANCA

Elementos materiais

Doces diversos, especialmente cocadas em cores. Refresco de guaraná. Água de coco verde. Manjar feito no leite de coco. Cuscuz de coco. Canjiquinha de milho verde. Vinho com mate açucarado. Flores diversas. Velas comuns. Frutas diversas.

Pano nas cores que se harmonizam com a vibração: o vermelho puro e suas tonalidades claras. Louça branca.

Como proceder

Todos esses preparos que envolvem doces, cocadas, manjares etc., quase tudo tem que ser na base do leite de coco e dispensa maiores explicações. Agora, todos esses elementos ou guloseimas têm que ser postos em pratinhos ou travessas de louça branca, tigelinhas etc., bem como o refresco de guaraná, especialmente a água de coco e o vinho com mate açucarado. Tudo isso tem que ser colocado sobre o pano na cor e tamanho escolhidos, junto com as flores, os frutos etc., a jeito do ofertante. As velas que vão ser usadas nessa oferenda devem ser acesas de forma que não queimem o preceito. Acender em número par, já se sabe que o pedido é para fins de um benefício material e em número ímpar, o preceito será puramente de ordem espiritual ou mediúnico etc. Qualquer dia serve para a entrega dessa oferenda, contanto que não se entregue depois das 18 horas. Todavia, se for entregue numa QUARTA-FEIRA (dia de Mercúrio) e dentro de uma hora planetária de Mercúrio, ainda melhor, para se obter maiores ligações mágicas com a corrente invocada. O local mais apropriado para se ofertar às crianças do astral são os campos abertos e os lugares floridos e bem altos.

Obs.: O pano tanto serve para. "mesa" como para se riscar sobre ele os pontos adequados ao caso. Para isso pode-se recorrer à figura nº 7, logo adiante; bem como se o ofertante já conhecer a questão dos triângulos-fluídicos dos Orixás, também pode usar o correspondente à Linha de YORI, pois, quer um ou outro, têm força de imantação mágica.

Quanto aos espíritos de crianças no grau de GUIAS, só aceitam para as respectivas ligações mágicas, oferenda somente dos seguintes elementos: o pano, as velas de cera nas condições de par e ímpar já conhecidas, as flores, a pemba para fixação de sinais riscados. Locais, dias e horas, nas condições citadas...

Prezados irmãos umbandistas! Estão assim discriminadas as formas corretas de ofertar elementos materiais às entidades militantes da Corrente Astral de Umbanda — Caboclos, Pretos-Velhos, Crianças etc.

Essas oferendas estão rigorosamente selecionadas para efeitos de ligação mágica e são, de fato, aquilo que as correntes espirituais aceitam, dentro da magia branca, pois tudo está de acordo com os elementares ou ditos "espíritos da natureza"...

Sim! Compreendam bem. Oferendas na Corrente Astral de Umbanda existem, mas só se aplicam em relação com as Forças Mágicas ou para movimentar certos elementos da MAGIA BRANCA. Nada têm diretamente com o puro aspecto religioso... e foi dentro dessas ligações mágicas que as discriminamos.

De sorte que, é oportuno, é necessário lembrarmos o seguinte: as Entidades militantes da Umbanda não aceitam e costumam até repelir oferendas que são feitas para elas erradamente — essas mesmas que estão vulgarizadas por aí, pelos tais "terreiros" e que implicam em SACRIFÍCIO DE ANIMAIS, COM SANGUE, carnes sangrentas para "ogum" em formas de bifes e rabadas de porco para "xangô" etc...

Atentem bem para este conceito, verdadeira regra da magia: toda oferenda que estiver firmada em Sangue, carnes sangrentas ou com animais abatidos ou sacrificados, sejam de 2 pés (galos, galinhas, patos etc.), sejam de 4 pés (bodes, cabritos, cágados etc.), SÃO DE LIGAÇÃO MÁGICA INFERIOR, GROSSEIRA e apenas encontram campos de afinidade dentro da chamada de MAGIA NEGRA...

São oferendas que somente se ligam ao Astral inferior e por isso mesmo, perigosíssimas de se movimentar com elas, pois não se pode lidar com o baixo astral na magia, sem se estar perfeitamente capacitado ou ordenado para isso...

FIGURA Nº 7

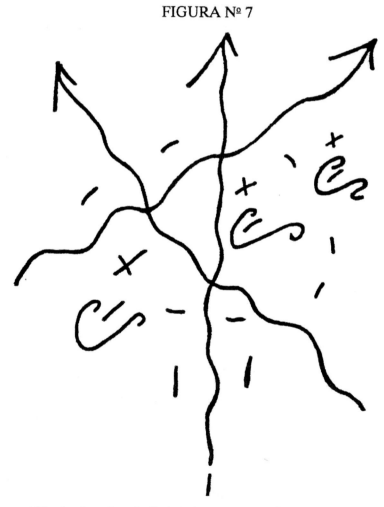

Sinais riscados da Lei de Pemba da LINHA DE YORI (ESPÍRITOS DE CRIANÇA). "PONTO" DE IMANTAÇÃO DE FORÇAS desta VIBRAÇÃO, dentro da MAGIA BRANCA.

Portanto, vamos suscitar na mente ou no raciocínio do leitor — umbandista ou não — ainda o seguinte: é fato corriqueiro, é comum encontrar nas encruzilhadas, e naturalmente compreendidos como para os Exus, os tais "despachos", sempre com animais abatidos, sangue, farofas, aguardente etc., elementos esses que até as pessoas mais simples sentem, pressentem, sabem que são de aspecto negativo ou para o mal... portanto, implicitamente ligados às vibrações negativas de pensamento dos humanos e, logicamente, do astral também. E se eles são postos nas encruzilhadas é porque vêm dos "terreiros" da chamada Quimbanda, porque dos "Candomblés" não podem ser, visto eles não entregarem suas "comidas de santo" ou as oferendas para seus "orixás" nas encruzilhadas de rua...

Então, o que ressalta, claramente, disso tudo? E que somente aos espíritos considerados como atrasados, inferiores, se fazem oferendas grosseiras... consideradas, reconhecidas, interpretadas, firmadas etc., como elementos de magia negra...

Assim, vamos suscitar, agora, mais uma incongruência "mágica"...

Nos chamados "candomblés" ou rituais de nação africana, todas as "comidas de santo" ou oferendas para os seus orixás são executadas na base do sacrifício de animais de 2 e 4 pés, com sangue etc.

Como entender, logicamente, que os elementos carne, sangue etc., que implicam em matança, possam servir de oferenda, quer para os espíritos-chamados de EXUS, quer para os Espíritos Superiores chamados de ORIXÁS???

Esse tremendo absurdo acontece do "candomblé" à "quimbanda", e com acentuada infiltração na Umbanda propriamente dita...

Então, para o irmão umbandista sensato e observador e que busca o caminho certo para a sua evolução pelo esclarecimento, vamos dar a seguir os tipos de oferendas ou de "comidas de santo" de uso mais comum nos "terreiros" ou nos "candomblés" modernos — esses que já querem ou pretendem passar por Umbanda a fim de que o irmão umbandista aprenda, saiba, conheça e ERRE ou CONTINUE ER-

MISTÉRIOS E PRÁTICAS DA LEI DE UMBANDA

RANDO SE QUISER, mas de agora por diante conscientemente... não mais por ignorância, pois no conceito sobre ORIXÁ, na Lei de Umbanda, são considerados POTÊNCIAS ESPIRITUAIS, SERES OU ESPÍRITOS ALTAMENTE SITUADOS NAS HIERARQUIAS PLANETÁRIAS, SENHORES DE ELEMENTOS CÓSMICOS OU DA NATUREZA, CABEÇAS DE TODA UMA FAIXA VIBRA-TÓRIA, ESPIRITUAL e aos quais, absolutamente, não se devem ofertar coisas materiais...

No entanto, nos "candomblés" ou nos cultos africanos, eles — os seus Orixás — "comem", isto é, na concepção ou na interpretação tradicional, eles gostam do sacrifício de animais e, para isso, tem até os animais particularizados para cada um.

Orixás	Animais Sacrificados em Oferendas...	
	2 pés	4 pés
Exu	frango ou galo (preto)	bode
Ogum	galo	porco
Odé	galo vermelho	bode
Obaluaiê	galo (coquem)	bode
Oxossi	galo (coquem)	porco
Omulu	galo	bode
Nanã	galinha	cabra
Iansã	galinha	cabra
Oxum	galinha	cabra
Yemanjá	pata, galinha branca	cabra, ovelha
Xangô	galo	cágado, boi, bode, carneiro
Ibeji	frango e franga	——
Oxalá	galinha branca	cabra (branca)
Ossãe	——	porco

Orixás e suas "comidas de santo ou oferendas"...

Ogum ....feijão-fradinho com dendê

Exu ....acaçá de fubá de milho, bifes passados no dendê, no mel ou na água pura; obs: o orixá Exu tem direito aos primeiros acarajés, quando são feitos para Iansã

Odé ....feijão-fradinho com costeletas de porco

Oxossi ....amendoim, coco, milho vermelho

Obaluailé ....pipoca, efó

Omulu ....pipoca com dendê, farinha de milho

Nanã ....peixe (em moqueca)

Oxum ....xinxim, arroz-de-auçá

Yemanjá ....peixes no dendê

Iansã ....acarajé, ipete, abará, xinxin etc.

Xangô ....amalá, bobó, abará, aberém, ado, olupó, efum-oguedé etc.

Oxalá................acaçá de arroz, munguzá (canjica), clara de ovo cozido etc.

Obs.: Todas essas comidas são condimentadas no dendê, levando camarão, cebolas etc. Oxalá não leva dendê nem sal, somente mel e azeite doce. Agora, para Yemanjá leva mel e é comida sem sal...

Observação nossa: Estão aí, portanto, discriminadas em linhas gerais as oferendas, com animais e tudo, dos "candomblés". Porque, a questão é saber, é comparar, é discernir. O que não adianta é esconder, fazer "mistérios" e embaralhar os entendimentos, com tanta confusão e misturas absurdas de elementos materiais que estão introduzindo na Umbanda, como se fossem coisa dela — dos Caboclos, dos Pretos-Velhos etc. Há uma indústria organizada que se aproveita da ignorância da massa umbandista sobre o assunto. Nós, umbandistas de fato, não temos absolutamente nada que os "candomblecistas" matem porcos, bodes, cabras, galos e o que mais queiram para seus

MISTÉRIOS E PRÁTICAS DA LEI DE UMBANDA 157

"orixás". O que não podemos aceitar nem consentir é que introduzam essas práticas no meio umbandista honesto e que quer e precisa EVO-LUIR..., portanto, aqui, cumprimos a nossa parte, ESCLARECEN-DO, ensinando, separando o JOIO DO TRIGO.

E finalmente, voltando à questão de nossas oferendas — da Umbanda — os interessados devem-se familiarizar com as figuras citadas nas oferendas, em número de SETE, que são PONTOS RISCA-DOS DE IMANTAÇÃO DE FORÇAS NA MAGIA BRANCA.

Vamos dar, agora, diversos pontos cantados de nossas entidades, de acordo com suas LINHAS ou Vibrações...

Já foi dito em nossa obra *Lições de Umbanda e Quimbanda na Palavra de um Preto-Velho*, que existem por aí centenas e centenas de "pontos cantados", de uma pobreza "franciscana", na música e nos versos, isto é, pessoas ou improvisados ogãs caem na mania de arquitetarem cânticos estapafúrdios em ritmo de samba ou de desenfreadas batucadas, com letras e música completamente fora da tônica umbandista, que põem as nossas entidades no ridículo, tais os assuntos ou as imagens com que relacionam esses pontos...

Não queremos dizer com isso, que sejamos partidários desses pontos cantados — ditos melhor como hinos, engendrados humanamente em certos terreiros elegantes, luxuosos, todos bem medidos, bem metrificados, bem estilizados... isso também não é de nossas entidades... podem ser para elas, mas não delas...[15]

---

[15] Por exemplo (de confronto): — Nós achamos que defumação mesmo, dentro da "milonga" de Umbanda (os caá-timbós dos pajés), tem que ser feita no carvão (brasas) e no vaso de barro... por quê? Ora, porque assim é que tem ciência, tem magia... o carvão... o barro... a oração... as ervas adequadas etc... No entanto, os terreiros elegantes já estão "contaminados" por elegantes turíbulos de todos os tipos metálicos... dizem que é evolução. Mas, evolução de quê? Dessa terapêutica astral e mágica das ervas? Ora bem, quem conhece mesmo essa terapêutica astral, sabe que não se queimam ervas ligadas a metais...

Então, conforme dissemos, estamos dando diversos pontos cantados que sabemos ter fundamento. Ter ou representarem, ainda, muito de suas expressões verdadeiras, isto é, conservam ainda muito de seus valores mágicos, conforme foram cantados pelos nossos Protetores num passado distante... justamente para caírem no coração dos filhos-de-fé, simples, despretensiosos, de acordo com uma certa ação psicológica adequada a seus graus de entendimento e aceitação mística... dentro, naturalmente, da vocalização especial que eles deram para cada um.

Assim, os irmãos umbandistas devem procurá-los (que os encontrarão ainda) nos Terreiros ou Tendas, onde são cantados corretamente, ou seja, onde não se usa o alarido, a gritaria, o ensurdecedor barulho dos tambores etc. Enfim, onde não haja batucada e "samba pra baixar o santo"...

PONTOS CANTADOS DAS ENTIDADES DA LINHA OU VIBRAÇÃO DE OXALÁ...

Ponto de afirmação e chamada de forças na vibração do Oriente

Oh! Deus Senhor da vida
Oh! Deus Senhor dos entes
Mandai a estrela azul
E o povo do Oriente...
Jesus Estrela da Umbanda
Luz na dor e na fé
Mandai o povo do Oriente
A essa corrente de fé...
Jesus é é é é é... (bis)
Oxalá da Umbanda...

Ponto de afirmação, para abrir e fechar a sessão

Deus nos salve
Estrela Guia
Nós pedimos nesse dia...

Deus nos salve
Estrela Guia
E as luzes
Que nos enviar...

Estamos aqui
Pedindo a Jesus
E a Virgem Maria
As boas vibrações
Para nosso "congá"...

Ponto de afirmação e confirmação para Anjo da Guarda

Peço a sete Anjos que me guardem
Peço a sete Anjos que me dêem luz
Peço a sete Anjos que me levem
A meu Jesus...
A meu Deus do céu
No caminho da minha cruz...

Ponto de chamada de falange, do Caboclo Guaracy

Viva a falange
Do Caboclo Guaracy
Deus do céu permita
Que ele venha até aqui...

Viva Jupá, Itatiaia e Poty,
Salve o Caboclo Guaracy
Viva as estrelas, viva o sol
Salve Guaracy que baixou aqui...

Ponto de descarga com a falange de todos os Caboclos

Jesus nosso Redentor
Desceu para nos salvar
Mandando os Caboclos de Umbanda
Pra nos descarregar...

Com uma pemba, com uma guia
Meu Pai diga o que é
São os Caboclos de Umbanda
Salvando seus filhos de fé...

Ponto de defumação na vibração de Oxalá

Povo de Umbanda
Vem ver os teus irmãos
Defuma esses filhos
Nas horas de Deus

Povo de Umbanda
Defuma filhos de "congá"
A luz que está brilhando
É de Pai Oxalá...

Ponto de chamada de forças para firmar a gira

Quem vem, quem vem lá de tão longe...
São os anjinhos de Pai Oxalá...
Oh! Dai-nos forças, pelo amor de Deus...
Meu Pai — Oh! Dai-nos forças nos trabalhos
Oh! Deus...

Ponto de chamada do Caboclo Águia Branca

Seu Águia Branca vem de Aruanda
Oh! Vem sozinho...
Para trabalhar
Porém chamando três vezes
Sua Falange vem ajudar...

Ponto do Caboclo Serra Negra

O seu grito de guerra
Lá na mata, lá na serra ecoou...
O seu grito de guerra
Nessa terra já chegou
Saravando todo povo de Umbanda
Caboclo Serra Negra
Chegou!... Chegou!...

Ponto de afirmação

Oxalá meu Pai
Tem pena de nós tem dó...
A volta da terra é grande
E Teu poder ainda é maior...

Ponto pedindo socorro espiritual etc.

Abre portas gente
Que aí vem Jesus
Ele vem carregando
O peso da cruz...
Vem de porta em porta
Vem de rua em rua
Prá salvar as almas
Sem culpa nenhuma...

Ponto do Caboclo Grajaúna

Eu sou Caboclo, eu sou Tamoio
Eu venho com toda minha Banda
Eu sou Caboclo, eu sou Tamoio
Eu venho com a minha Banda
Eu sou Caboclo, meu nome é Grajaúna...
Eu sou Tamoio, eu sou guerreiro de Umbanda

Ponto do Caboclo Ubirajara

Com tanto pau no mato
Eu não tenho guia
Caboclo Ubirajara
Veio me dar a guia

Com tanto pau no mato
Eu fiz uma guia
Ele cruzou na pemba
E na Estrela Guia.

PONTOS CANTADOS DAS ENTIDADES DA LINHA OU VIBRAÇÃO DE YEMANJÁ...

Ponto da Cabocla Cinda

Cinda, no barqueiro de Cinda
Cinda é quem vem saravá
Cinda de mamãe Oxum... ai ê, ê...
Cinda da cobra coral...

Ponto de descarga

Bendito louvado seja
O Santo Nome de Oxalá á... á... (bis)
Oh! Yemanjá manda pro fundo mar
Todo mal dos filhos desse "congá"...

Outro ponto de descarga

Sereia, sereia, sereia do mar
Sereia, sereia, mamãe Yemanjá
Sereia, sereia, sereia do mar (bis)
Sereia, sereia, vem descarregar...

Um ponto pedindo ajuda

Salve as vibrações de prata...
Salve quem aqui está...
Salve a mãe Sereia
Que veio nos ajudar

Salve as vibrações de prata
Salve o povo do mar
Salve a mãe Sereia
Que todo mal veio levar

Salve as vibrações de prata
Salve a Estrela do Mar
Salve a mãe Sereia
Nossa Rainha Yemanjá...

Outro ponto pedindo ajuda

A estrela brilhou
Lá no alto-mar
Quem vem nos salvar
É nossa mãe Yemanjá...

Seja bem-vinda
Nossa mãe de puro amor
Venha nos salvar
Pela cruz do Redentor...

Pedido de proteção às vibrações de Oxum

Oxum...
Nossa mãe lá no céu
Ela gira na terra
É rainha no mar (bis)...

Oxum...
Acendei seus candeeiros
Iluminai nossos terreiros
Pra seus filhos trabalhar...

Um ponto de chamada para as vibrações de Oxum...

Eu vi, eu vi Nanã
Eu vi Oxum na beira do rio
As aves cantam ao romper da aurora (bis)
É mamãe Oxum que vai chegar agora...

Um ponto "mantra" para o Povo do Mar...

Yemanjá... yem — bá...
Babá... yê... gô...
Yemanjá... yem... bá
Babá... yê... gô...

Um ponto da chamada

Yemanjá... yem... bá...
O seu povo vem trabalhar...
Salve Sereia, salve as Falanges do Mar...

Um ponto de descarga com Povo do Mar

Marolas do mar
Já vêm rolando
Olha o Povo do Mar
Descarregando...

Um ponto de Oxum
(para cruzar a gira)

Mamãe Oxum
Oh! Mamãe Oxum...
Encruzai os filhos da Senhora
E todos os demais
Nas vibrações de suas horas...

Ponto pedindo auxílio

Oh! mamãe Yemanjá...
Oh! minha mãe...
Tenha pena de mim...
Nesse mundo e no outro...
Me dê um bom fim...

Outro ponto de afirmação de força

Mas como é que atrai...
O canto da Sereia...
Mas como é que atrai...
Os filhos no "congá"...

Mamãe Oxum...
Olhai seus filhos...
Oh! dai-nos forças...
Nas vibrações do mar...

Um ponto de exaltação à vibração de Iansã

Espia o que vem pelo céu..
Olha o que vem pelo mar...
Mas ela é nossa mãe Iansã...
Mas ela é Rainha desse "congá"...

Outro ponto de louvação

Eu vi mamãe Oxum na cachoeira...
Colhendo lírio, lírio ê...
Colhendo lírio, lírio a...
Colhendo lírios para ofertar...
Aos filhos de seu "congá"...

Ponto de exaltação a Iansã

Oh! moça rica...
Sua espada é luminosa...
Sua coroa é enfeitada... de rosas...

Ó! que banda odé...
Ó! que banda odé...
Salve a coroa de Bárbara...
Que ilumina a nossa fé...

Ponto para um caso de aflição...

Mamãe Oxum...
Estrela Guia...
Dos filhos que se acham em aflição...
Iluminai a nossa estrada...
Oh! Mamãe Oxum...
Com Paz, Amor e Perdão...

Ponto pedindo proteção numa demanda...

Iansã, Senhora da Banda...
Rainha de seu "congá"...
Salve Iansã lá na Aruanda...
Êparrei, Êparrei...
Iansã vence demanda...

Outro ponto de Iansã cruzado com Xangô...

Iansã cruzou na linha de Xangô...
Lá na mata seu leão bradou...
Saravá Iansã lá na Aruanda...
Êparrei, eparrei...

Ponto de louvação e afirmação de forças

Vamos saravá...
Mamãe Oxum...
Saravá Xangô...
Saravá Ogum...

As suas matas são iluminadas...
As suas ondas são de Ondinas..
Ao romper da madrugada...
Firmando o ponto da Cabocla Janaína...

Um ponto pedindo socorro

Uma estrela brilhou...
Lá no alto-mar...
Quem vem-nos salvar...
É nossa mãe Yemanjá...

Seja bem-vinda...
Nossa mãe de muito amor...
Quem vem nos salvar...
Pela cruz do Redentor...

Um ponto do Caboclo Tarimá

Tarimá, ó Tarimá...
Tarimá vem do fundo mar...
Ele vem com a Sereia...
Na força de Yemanjá...

PONTOS CANTADOS DAS ENTIDADES DA LINHA OU VIBRAÇÃO DE YORI
(Dos espíritos que se apresentam na
"roupagem fluídica" de crianças

Ponto pedindo socorro à falange das Crianças

Criancinhas lá do céu
Anjinhos de toda luz
Companheiros de Jesus

Ai, trazei sua Arucaia...
Levantai minha macaia
Companheiros de falanges
Foi Jesus quem ordenou
Com todas sete falanges
Minha "gira" segurou...

Ponto de Tupãzinho

Tupã, olha seu Tupãzinho
Que desce lá do céu azul
Trazendo a luz dos Orixás
Aqui pra dentro do "congá"...

Um ponto de chamada

Vamos ver as crianças baixar
Cosme e Damião é quem vem saravá...

Outro ponto de chamada

Oh! Cosme, oh! Damião...
Onde está Daum...
Daum foi apanhar...
As rosas de mamãe Oxum...

Ponto de agrado às Crianças

Se criança pedir...
Você lhe dá...
Um balancinho...
No fundo do mar...

Um ponto de louvação...

Oh! Cosme, Damião, Daum...
Na beira da praia...
Colhendo as conchinhas...
De mamãe Oxum...

Um ponto de chamada...

Oh! Daum, oh! Daum,
Cosme e Damião,
Vamos saravá na "gira",
Camaradinhas chegou,
Oh! Daum, oh! Daum... (bis)

Outro ponto de chamada...

Ó! Cosme, Ó! Damião...
Sua banda chamou...
Vem do fundo do mar...
Com a "mironga" que Yemanjá mandou...

Dois, Dois, Sereia do Mar...
Dois, Dois, mamãe Yemanjá...
Dois, Dois, Sereia do Mar...
Dois, Dois, meu Pai Oxalá!...

Um ponto de chamada das Crianças na irradiação de Ogum Guerreiro

Meu Deus quem é esse cavaleiro,
Que irradia tanta segurança,
Ele é Ogum Guerreiro,
Que trouxe a Falange das Crianças...

Um ponto de louvação

Os beijada estão de ronda,
Jorge Guerreiro de prontidão,
Salve o povo na Aruanda
Salve Cosme e Damião...

Um ponto de Daum

Oh! Cosme e Damião,
Onde está Daum?
Daum está passeando,
No cavalo de Ogum...

Um ponto de chamada

Formiguinha de angola,
Pai Ogum está chamando,
Vem, vem, vem, vem,
Que Damião está girando...

Outro ponto de chamada

Cosme e Damião,
Daum já chegou,
Veio do fundo do mar,
Yemanjá quem mandou...

Um ponto de saravação

Na beira da praia,
Sentadinhas na areia,
Eu vi as Crianças,
Brincando com mãe Sereia...

Um ponto de afirmação

Lá no céu vi três estrelas,
Todas três em carreirinha,
Duas são Cosme e Damião,
A outra é Mariazinha...

Outro ponto de chamada

Andorinha de Nossa Senhora,
Andorinha que voa, que voa, andorinha,
Firm'a seu ponto na hora,
Trazendo Cosme e Mariazinha...

Um ponto de defumação

Cosme e Damião,
Como sua Banda cheira,
Cheira a cravos, cheira a rosas,
E a flor de laranjeira...

Um ponto de saravá

Hoje é dia das Crianças,
Hoje é dia das Crianças,
Oh! bate palmas pra beijada,
Saravá a Falange das Crianças,
Eles querem balas e cocadas...

Outro ponto de chamada

Saravá Daum,
Cosme e Damião,
Saravá os beijadas,
Trazendo sua proteção.

Cosme e Damião,
Os santos meninos,
Baixai nessa Banda,
Seus irmãozinhos estão pedindo...

Outro ponto de louvação

Viva Deus nas alturas,
Salve Cosme e Damião,
Salve as linhas de Umbanda,
Com Jesus na proteção...

Um ponto de Cosminho...

Se Cosminho pedir,
Vovó lhe dá,
Um lindo balancinho,
Pra ele brincar...

PONTOS CANTADOS DAS ENTIDADES DA LINHA OU VIBRAÇÃO DE XANGÔ

Ponto de afirmação de forças ou correntes no terreiro

Que mata é essa
Que o leão bradou
Que pau é esse
Que o machado não cortou
Que pedra é essa
Que o corisco iluminou...
Que terra é essa
Essa terra é da Jurema
Filho meu...
Tudo isso é de Xangô
Zamby é quem deu...

Ponto pedindo uma maleime

Quisera meu pai na Umbanda
Com maleime ê...
Com maleime ê...
Para salvar filho de Umbanda...
Agô... kaô... kaô...
Jacutara é maleime, maleime...
Nessa minha "gira"... (bis)

Ponto pedindo auxílio

Naquele tempo
Que Xangô escrevia
Sua pemba de ouro
É quem nos valia...

Ponto cruzado de Xangô e Preto-Velho...

Salve Deus Nosso Senhor...
Salve Jesus de Nazaré...
Salve o amor e salve a fé...
Salve as forças de Guiné...

Salve Umbanda ô...
Salve Umbanda ô...
Salve Umbanda
E as forças de Xangô...

Ponto para cortar um mal ou uma demanda...

Machadinha da ponta de ouro...
É de ouro, é de ouro...
Machadinha da ponta de ouro...
É machadinha de Xangô...

Ponto de afirmação

Caboclo, olha a sua Banda,
Caboclo, olha o seu "congá"...
Aonde o rouxinol cantava...
Era lá que Xangô mandava...
Ele é Caboclo da Cobra Coral (bis)
Kaô...

Ponto de afirmação do Caboclo Pedra-Preta...

Vi o dia escurecendo...
Dentro da noite gemendo...
Vi trovão no céu gritando...
E a cachoeira chorando...

É Xangô da Pedra-Preta
Vi a Banda lhe chamando,
Sua pedreira clareando...

Ponto do Caboclo Sete Pedreiras...

Por detrás daquela serra...
Tem uma linda cachoeira...
Onde mora Xangô, kaô...
Onde mora Xangô, kaô...
Dono das Sete Pedreiras...

Ponto cruzado de Xangô e Iansã, para cortar demanda...

O estouro da pedreira
Parece trovoada
Ecoou lá na Serra
Ecoou lá na Mata... (bis)

Todo povo de Iansã
Todo povo de Xangô
Chegou cá na terra
Chegou para a guerra... (bis)

Ponto de afirmação

Quando a lua aparece
O leão da mata roncou
A bicharada estremece
Olha a coral que piou, piou, piou,

Olha que a coral piou,
Salve o povo de Aruanda agô...
Chegou, seu rei de Umbanda,
Saravá nosso pai Xangô...

Ponto para fazer uma descarga

Lá do alto da pedreira
Uma faísca vem rolando
Agüenta essa gira de força
Que a faísca vem queimando.

Ponto para firmar ponto riscado numa descarga

Pedra rolou, Xangô...
Lá na pedreira...
Firmei seu ponto, meu pai...
Na cachoeira... (bis).

Ponto do Caboclo Jaguar para desmanchar trabalhos ou demandas...

Boa noite, meus irmãos,
Que acabo de chegar,
Para saudar esta Tenda,
Eu sou o Caboclo Jaguar,
Com ordens de trabalhar...

Com as ordens de Xangô
Eu posso desmanchar
Desmancha, desmancha, meu povo,
Desmancha e torna a desmanchar.
Que o bom povo de Jaguar...
Também sabe desmanchar.

Outro ponto

Estava sentado na minha tarimba,
Estava rezando pra Xangô,
Bateram na porta, alguém me chamou...

Ponto de chamada

Xangô Kaô, deixa sua pedreira aí (bis)
Seus filhos estão-lhe chamando
Deixa sua pedreira aí...

Ponto de chamada para as falanges de Xangô, para afastar uma demanda...

Quisera eu ver meu pai na Umbanda...
De maleime á, de maleime ô...
Vem saravá filhos de Umbanda é...
Xangô... Kaô...

Mas como brilha lá no "congá"...
Mas como canta a passarada...
Pai Xangô venceu demanda...
Pai Xangô vem saravá . . .

Ponto do Caboclo Cachoeira para descarregar a "gira"

O céu é lindo
E o mar também é... (bis)
Onde vai o Caboclo Cachoeira?
Vai descruzar toda "mironga"
Lá nas ondas do mar...

Ponto do Caboclo Pedra Branca

Vem meu Caboclo
Vem Pedra Branca
Vem trabalhar
Vem dar esperança
A caridade prestar
Vem meu Caboclo
Dar fé e esperança
Da luz vibrante
Da Pedra Branca.

Ponto do Caboclo Araúna, para quebrar uma demanda...

Eu sou o Caboclo Araúna
Da Aruanda vim trabalhar
Salve as falanges da Umbanda
Essa demanda eu vou desmanchar...

Eu sou o Caboclo Araúna
Meu irmão é Araré
Na pedreira quebro demanda...
Que demanda se vence com fé...

Ponto do Caboclo Pedra Branca

Roncou trovoada na serra,
Ao longe gritou o trovão,
Chegou o Caboclo da Pedra,
Ajudando todos seus irmãos...

Ponto do Caboclo Ventania

Pegou na pemba, a pemba quebrou,
Pegou na pemba, a pemba firmou...
Chegou Caboclo com o vento,
Caboclo Ventania chegou,
Caboclo Ventania baixou...

Ponto do Caboclo Jaguaré

Nas horas de Deus baixou
Da Aruanda na fé...
Nas horas de Deus chegou
Da Aruanda com fé...

No terreiro de Umbanda baixou
O Caboclo Jaguaré!
No terreiro de Umbanda chegou
A Falange de Jaguaré...

PONTOS CANTADOS DAS ENTIDADES DA LINHA OU VIBRAÇÃO DE OGUM

Para defumação

Com licença, Pai Ogum,
Filho quer-se defumar, (bis)
Umbanda tem fundamento,
É preciso preparar...

Com incenso e benjoim,
Alecrim e alfazema,
Defumar filhos-de-fé, (bis)
Com as ervas da Jurema...

Ponto de curimba

Nos campos de Humaitá,
Ogum é General, (bis)
Ele arirê, ele arirá,
Ele arirê...
Olha Ogum sete ondas do mar!

Ponto de proteção para o aparelho
(de Ogum)

Ogum, seu aparelho tomba,
Ogum tem pena, tem dó,
Com as cinco chagas de Cristo, (bis)
Caboclo deu sete nó...

Ponto de chamada

Que cavaleiro é aquele,
Que vem correndo pelo céu azul,
É Ogum Matinada,
Que está chegando do Cruzeiro do Sul...

Ponto para os Caboclos na faixa de Ogum Yara

Se Ogum é meu pai,
Vencedor de demanda,
Ele vem de Aruanda,
Vem salvar filhos de Umbanda...

Ogum, Ogum Yara, (bis)
Lá dos campos de batalha,
Salve a Sereia do mar,
Ogum... Ogum Yara...

Ponto para uma descarga ou para afastar demandas

Ogum olha sua Bandeira,
É branca, verde e encarnada,
Ogum nos campos de batalha,
Venceu a guerra sem perder soldados.

Ponto de pedido de socorro espiritual etc.

Que cavaleiro é aquele,
Que vem montado de escudo no braço,
É seu Ogum Matinada,
Que vem socorrer os seus filhos
do espaço...

Ponto pedindo as forças protetoras do Caboclo Ogum Guerreiro...

É de ponto em ponto,
É de cruz em cruz,
Eu retiro o mal com o
Menino Jesus...

Com Deus eu vim,
Com Deus eu vou,
Com os Anjos da Guia,
E com o Salvador...

Se é Umbanda é Umbanda,
Se é da Banda ou Quimbanda,
É Caboclo Guerreiro que vence demanda...

Ponto de chamada na Vibração de Ogum

Lanceiros de Umbanda,
Ouvi os seus clarins... (bis)
Avançai todos os lanceiros,
Que Ogum já vem aí...

Ponto para afastar demanda com as Falanges de Ogum

Bandeira linda de Ogum,
Está içada lá no Humaitá,
Ogum é general de Umbanda, (bis)
Ele vence demanda em qualquer lugar.

Ponto de força de Ogum Beira-Mar

Ogum Beira-Mar, ô Beira-Mar, (bis)
É sentinela de Oxum,
É remador de Yemanjá
É cavaleiro de Oxum,

É ordenança de Oxalá,
Diz Ogum maior é...
Ogum beira-mar...

Ponto de chamada de Forças na Vibração de Ogum, Xangô e Yemanjá

Pedi a Ogum lá na mata,
Pedi a Xangô na Pedreira,
Pedi a mamãe Yemanjá,
Do meio da cachoeira...

A Zamby eu peço a bênção,
À Virgem a proteção,
E que livre seus filhos da peste,
E afaste da tentação...

Outro ponto (pedindo socorro) de Ogum Matinada

Seu galo canta,
Ao romper da madrugada,
Seu galo cantou
Ao romper do dia...

Zamby é seu Pai,
Estrela Dalva é sua Guia,
Saravá filhos de pemba,
No rosário de Maria... (bis)

Seu Matinada tem,
Tem um segredo na lua, (bis)
É para dar a seus filhos,
Que andam caídos pela rua.

Ponto de afirmação para Caboclos na irradiação de Ogum...

Como são lindos os Caboclos
Na mata...
Com suas flechas de prata
Vibrando pra Pai Ogum...

Como é linda a Cabocla Jurema
Com sua saia de penas
Dançando pra mamãe Oxum...

Outro ponto de Caboclos na irradiação de Ogum...

Na sua aldeia tem os seus Caboclos
Na sua mata tem cachoeiras
No seu saiote tem pena dourada
E seu capacete brilha na alvorada...

Um ponto de Ogum
(na irradiação de Miguel Arcanjo)

Olhem, Ogum está de ronda
Quem está vibrando é São Miguel...
Lei, Lei, Lei de Umbanda
Quem está vibrando é São Miguel...

Um ponto de Ogum Beira-Mar

Beira-Mar... auê Beira-Mar...
Beira-Mar... quem está de ronda é Oriá...

Ogum já jurou bandeira
No campo de Humaitá
Ogum já venceu demanda
Seus filhos vêm saravá...

PONTOS CANTADOS DAS ENTIDADES DA LINHA OU VIBRAÇÃO DE OXOSSI

Ponto do Caboclo Mata Virgem

Em plena mata eu vi
Um caçador da Jurema

Era o seu Mata Virgem
Com seu saiote de pena
Com sua flecha e seu bodoque
E seu saiote de pena.

Ponto da Cabocla Jurema

Lá na Jurema
Tem um pé de ingá
Aonde a lua clareia
O caminho dos Caboclos passar...

Jurema, Jurema...
Olha o seu Juremá!...

Outro ponto de Jurema

O sereno está caindo lá na terra
A mata virgem escureceu
Aonde estão os mensageiros da Jurema..
Que ainda não apareceu..

Outro ponto do Caboclo Mata Virgem

Mata Virgem é Caboclo e tem penas,
Mora na Jurema,
Saravá o "congá"
Ele é orirê,
Ele é orirá...

Diz Umbanda
Ele vem de tão longe
Ele veio do alto da Serra Morena
Ele orirê
Ele orirá...

Ponto de raiz e de afirmação com a Cabocla Jurema

Na minha Umbanda
De Pai Oxalá
Clareia a Banda
Aqui no meu "congá"

E nessa banda que é de fé...
Se afirmou ô...
Se afirmou ô... (bis)

Na minha Umbanda é lei suprema
Firmar seus filhos
Com a Jurema...
Filhos amados
Firmai a fé
Porque agora
Tudo está feito (bis)
E sendo confirmado...

Ponto de chamada para o Caboclo Sete Flechas...

A sua mata é longe
E sua estrela brilhou
E os seus filhos na terra (bis)
Já lhe procurou, ô já lhe procurou (bis)
Onde está seu Sete Flechas de Umbanda
Que ainda não chegou (bis 4 vezes)

Ponto do Caboclo Rei da Mata cruzado com a Cabocla Jurema, firmando forças para filho de Oxossi...

Seu Rei das Matas
Mandaram lhe chamar
Pra tomar conta da mata
Cidade de Juremá...

Oh! juremei, juremei, juremei,
Jurema minha mãe
Oxossi meu pai...
Diz Rei da Mata
Filho de Umbanda não cai...

Ponto de Caboclo Carijó, cruzado nas almas...

Carijó vem de Aruanda
Com seu capacete azul
Ele traz na sua banda
Afirmações de S. Miguel...

Ponto pedindo socorro espiritual à Cabocla Jurema

Eu vi lá no meio da mata virgem,
Jurema com todos seus companheiros,
Lutando pra nos salvar,
Ela é Cabocla Jurema,
Juremei, juremá (bis)

Outro ponto de chamada de Caboclos

Entrei nas matas da jurema
E toda mata clareou
Fui chamar todos Caboclos (bis)
Que nosso Senhor mandou...

Ponto afirmando gira com Caboclo

Ele é Caboclo, é lá da macaia
Ele é Caboclo em qualquer lugar
Mas ele não tira as folhas da jurema
Sem ordem suprema de Pai Oxalá...

Outro ponto de chamada de Caboclos

Folha verde da palmeira
Como brilha ao luar
Oh! que lindo Caboclo de penas (bis)
Vem chegando neste "congá"...

Outro ponto de chamada de Caboclos

Ao romper da aurora
O dia clareou
Olha que já vêm os Caboclos
Que alguém chamou (bis)

Na fé de Oxalá
Eles vêm, vêm, vêm...
Com suas falanges
Trabalhar para o bem...

Outro ponto de Cabocla Jurema

Com sete meses de nascida
A minha mãe me abandonou
E me jogou na folha seca
Foi seu Tupi quem me criou (bis)

Ai companheiros de Jurema, ai de mim tem dó...
Ai de mim, meus companheiros...
Ai de mim, tão-só...

Ponto do Caboclo Arruda para afastar e vencer demandas do baixo astral

Fui buscar meu "congá"
Que eu deixei lá na Aruanda
Já chegou o Caboclo Arruda
Pra vencer essa demanda...

As falanges de Arruda
Tem sempre boa vontade
Anda por toda parte
Espalhando a caridade

As falanges de Arruda
É de força e de ação
Da Virgem Nossa Senhora
Elas têm a proteção...

Ponto de curimba com os Caboclos

Campeia meus Caboclos
Campeia meus Caboclos
Campeia meus Caboclos
Na aldeia meus Caboclos... (bis)

Ponto de Caboclo Jacuri

Caboclo trabalha
Com Cipriano e Jacó...
Trabalha com a chuva
E com o vento
Trabalha com a Lua
Trabalha com o Sol...

Ponto pedindo a proteção da Jurema

Estrela Dalva é nossa Guia
Ilumina o mundo sem parar
Ilumina a mata virgem
Cidade de Juremá...

Vinde, vinde companheiros
Ai de mim, tão-só...
Companheiros de Jurema
Ai de mim, tem dó...

Ponto de afirmação de forças com o Caboclo Arranca-Toco

Na minha aldeia
Eu sou Caboclo
Sou Rompe-Mato
E Arranca-Toco...

Na minha aldeia
Lá na Jurema
Não se faz nada
Sem ordem suprema...

Um ponto do Caboclo Aracatu

Eu vi chover...
Eu vi relampear...
Mas mesmo assim...
O céu estava azul...
Firma seu ponto..
Na folha da Jurema..
Eu sou Caboclo Aracatu...

Um ponto de chamada

Na sua mata...
Uma coral piou...
Cadê seu Oxossi...
Que ainda não chegou...

Um ponto de raiz do Caboclo Mata Virgem

Na minha mata...
Aonde canta o sabiá...
E pia a cobra coral...
E pia a cobra coral...

Eu sou Caboclo Mata Virgem...
Sou mano de Juremá...
Ô não me corte a raiz...
Ô não me mate a coral...

PONTOS CANTADOS DAS ENTIDADES DA LINHA OU VIBRAÇÃO DE YORIMÁ (PRETOS-VELHOS)

Ponto de afirmação

Você está vendo
Esse terreiro pequeno
Aonde Preto-Velho veio morar

Aqui existe paz e harmonia
Aqui quem manda é Oxalá...

Ponto de chegada de Tia Chica

Saravá todos Caboclos
E os manos pretos-velhos
Saravá todas as Bandas
Na gira de Guiné...

Tia Chica vem chegando
Vem chegando da Aruanda
Trazendo sua arucanga
Pra firmar com toda fé...

Ponto de afirmação de Preto-Velho com as almas

Eu andava perambulando
Sem ter nada pra comer
Fui pedir às Santas Almas
Para vir me socorrer... (bis)
Foi as almas quem me ajudou
Foi as almas quem me guiou
Meu Divino Espírito Santo
Viva Deus Nosso Senhor... (bis)

Ponto de cruzamento com as forças do povo do mar

Eu vi Pai Zé d'Angola
Eu vi a Sereia do mar
Pai Zé toma conta dos filhos
E tira areia do fundo do mar...

Ponto de advertência de Preto-Velho

Nesse mundo de meu Deus
Filho meu...
Não se deve duvidar
Filho meu... (bis)
É, é, é,
Filho meu
De Preto-Velho no "congá"...

Ponto de Vovó Conga...

Vovó Conga tinha sete filhos
E todos sete queriam comer
Mas a panela era muito pequena
Ora parte e reparte
Que ela quer ver...

Ponto de chamada...

Congo cruza com cambinda
Quando vem pra trabalhar
Congo vem pela terra
Cambinda vem pelo mar...

Ponto de chamada de Rei de Congo

O meu pai é rei de Congo,
Eu já mandei...
Eu já mandei chamar... (bis)
Eu já mandei salvar toda Aruanda,
Saravá o povo de Congo
Em qualquer lugar... (bis)

Ponto de cruzamento de "congá"

Eu estava no terreiro
Vendo os pretos trabalhar
Cada volta que eles davam
Eles cruzavam meu "congá"...

Ponto de chamada de Congos

Desceu com o povo de Congo
É congo, é congo aruê...
Desceu com o povo de Congo
Agora é que eu quero ver...

Um ponto de Pai Benedito das almas

Pai Benedito é Preto-Velho
Calunga...
Mora lá no roseiral (bis)
Preto-Velho rezador, na Calunga...
Chefe de "congá"... (bis)

Ponto do Preto-Velho Manuel Carreiro
(puxando gira)

Chama meu povo
Chama minha Banda
Sou Manuel Carreiro
Lá de Aruanda...
Puxa o boi, meu mano
Vamos carrear

É Manuel Carreiro
Quem manda chamar...

Ponto com as Falanges de Congo
(firmando gira)

Quando Congo vem de mina
Vem beirando o mar
Pois no fundo do mar
Também tem areia...

Firma a sua Banda
Meus filhos (bis)
E não bambeia...
E não bambeia...

Um ponto de Maria Conga
(abrindo o terreiro)

Abre meu terreiro
Abre meu "congá"...
Chegou Maria Conga
Que veio trabalhar.

Um ponto de Tia Maria da Serra

Ela se chama Maria da Serra...
Ela não desce do céu sem Umbanda...
E sem a sua muganga de guerra...
Ela não desce do céu sem Umbanda...
E sem as forças de sua Quimbanda...

Ela se chama Maria da Serra...
Ela é Maria em todo lugar...
Ela é Maria no alto do céu...
Ela é Maria no fundo do mar...

Ponto de pedido de socorro às falanges de Guiné

Ai meu pai preto
Que vem d'Angola
Venha ver seus filhos
Porque é que choram...

Pai preto que vem d'Angola
Vem com ordem de Guiné
Trazendo suas falanges
Pra curar filhos-de-fé...

Ponto de chamada de Pai Tibiriçá

Venho de Aruanda
Da Aruanda do além-mar...
Pai preto seus filhos chama
Na Umbanda, no "congá"...

Taleime, minha Taleime...
Taleime do além-mar...
Pai-Preto seus filhos chama
Preto-Velho Tibiriçá...

Ponto pra cruzar uma demanda

Na sua mata tem pemba
E rosário de Nossa Senhora
Anaruê de Umbanda
Anaruê de Quimbanda
Preto-Velho cruzou demanda...

Um ponto de Vovó Cambinda

Vovó Cambinda tem sua guia
Trabalha de noite e reza de dia
Vovó Cambinda quer encruzá
Ponto de pemba no meu "congá"...

Ponto de Pai Chico

Todo mundo mim qué, qué, qué,
Chico Preto quimbandeiro,
Do povo da Guiné,
Todo mundo mim qué, qué, qué,
Chico Preto feiticeiro
Do povo da Guiné...

Um ponto de Pai José de Aruanda

Salve Deus
E os Pretos-Velhos na Aruanda
Pai José chegou
No terreiro de Umbanda...

Um ponto de Maria Conga

Abrindo o terreiro
Abrindo o "congá"
Chegou Maria Conga
Que vem trabalhar...

Um ponto de Vovó Luísa

Vovó Luísa chorou "mironga"
Chorou "mironga" com Pai Benguela
Chora sá Luísa e Pai Benguela...
Vovó Luísa chora "mironga"

Um ponto de Pai Antônio

No terreiro de Pai Antônio
Eu vou girar, eu vou girar
Quem chamar por Pai Antônio
Ele vem saravá, ele vem ajudar

Um ponto de Pai Chico firmando Congá

Pai Chico tá "Congo" véio
Tá congo véio de trabalhar
Vem, vem, vem...
Firmando "mironga"
No seu "congá"...

Um ponto de "curimba" de Pai Antônio

"Curimba" com eu
Meu Pai Antônio
"Curimba" com eu
Na fé de Deus...
"Curimba" com eu
Nesse "congá" de Deus...

Um ponto (de exaltação) de um Preto-Velho

Candeeiro meu
Aonde nasceu Jesus
Guiai-me, oh! Virgem Imaculada
Mãe da Divina Luz...

Um ponto de força de Tia Maria Mina

Andando sete dia, andando sete noite
Chegou Maria Mina
Com seu povo da Bahia
Traz pimenta-da-costa
Traz seu azeite-de-dendê
Chegou Maria Mina
Pra os seus filhos vir benzer...

Um ponto para uma descarga de pólvora, com ponto riscado

Só queima "tuia" quem pode queimar...
Esse ponto é seguro, não pode falhar...
Só manda fogo quem pode mandar...
Valei todas forças de meu Orixá...

Um ponto de Preto-Velho Rei de Congo

Povo de Congo, é povo valente...
Seu Rei de Congo já chegou...
Ele veio lá da Aruanda...
Com toda sua Banda...

Outro ponto de chamada do povo de Congo

Arriou na linha dos Congos
É de Congo, é de Congo aruê...
Cruzou com o povo de Congo
Agora nós vamos ver...

Um ponto de chamada de Pai Guiné

Lá no terreiro de Aruanda...
Mamãe de Umbanda chama...
Chama a luz, a estrela guia...
Chama seus filhos-de-fé...
Chama o povo de Guiné...

Outro ponto de chamada de Pai Guiné

Seu galo canta, no terreiro de Aruanda...
Pai preto chega, no canto de Umbanda...
Pai Guiné vem descendo lá d'Angola
Seus filhos chamam, está chegando sua hora

RESPONDENDO A PERGUNTAS

Tenho sido consultado, através de cartas, telefonemas e contatos pessoais, sobre várias questões relativas às práticas umbandistas e coisas, como também, correlacionadas com os chamados de "candomblés"...

Como não posso responder especialmente a cada caso, vou abordar alguns dos ângulos das principais questões consultadas diretamente.

De princípio devo lembrar a esses irmãos consulentes que, em outros livros de minha autoria se encontram muitos esclarecimentos sobre as citadas questões; todavia, parece-me que os meus leitores, e por que não dizê-lo, admiradores, seguidores, simpatizantes — insistem por respostas mais diretas, mais decisivas...

Então, vamos a elas já que assim o querem...

a) Perguntam mais ou menos isso: "O irmão da Matta e Silva escreveu esses formidáveis ensinamentos de suas obras como "frutos" de suas teorias ou baseados mais em suas práticas?

Resposta: Não sei se os ensinamentos ou as elucidações, revelações etc., de minhas obras, possam ser consideradas de "formidáveis"... mas, o que posso garantir é que são mais, muito mais mesmo, "frutos" de meus 26 anos de práticas...

Qual, meus bons irmãos! Então vocês pensam que eu venho, há anos, enfrentando a direita e a esquerda desse "campo agreste", chamado de meio umbandista, apenas com os "estudos da teoria"?...

MISTÉRIOS E PRÁTICAS DA LEI DE UMBANDA 219

Pois sim! Tanto risco pemba na mata, como na encruza ou mesmo na "calunga"... é só haver necessidade disso. Compreenderam? Sempre fui 70% prática e 30% teoria... mesmo assim não nego que já tenha entrado em "maus lençóis", por força de tremendos impactos do baixo astral encarnado e desencarnado que assola o meio umbandista e ao qual venho combatendo...

b) Perguntam o que penso sobre o II Congresso de Umbanda, realizado há anos no Maracanãzinho e se dessa vez vão mesmo "codificar a umbanda"...

Resposta: De fato houve esse Congresso. Entretanto não creio cheguem a codificar a Umbanda, mesmo que tenham nomeado para isso imponentes membros, entre doutores etc.

A Umbanda, meus irmãos, já está codificada há muito tempo e eles sabem disso...

Agora, o que um tal grupinho de cima quer é bitolar a Umbanda, segundo seus entendimentos, segundo seus interesses, segundo suas vaidades...

E essas intenções pulam claramente, ao se analisar o tal TEMÁRIO "pré-engendrado"... dentro de linhas africanistas e com uma "carta sinótica" para dar o tom.

Não é difícil identificar nesse Temário os dedos dos gigantes... lá estão o dedão do Zezinho, o dedão do Joãozinho e de outros conhecidos intransigentes africanistas...

Não! Jamais a Umbanda será codificada, ou melhor, "bitolada", com cheiro de farofa, galo preto, camarinhas e tambores...

c) Perguntam sobre a questão da chamada "Mão de Vumi" (isto é, a mão do morto, a influência reinante do defunto babalaô) se, de fato, é preciso "tirar"?...

Resposta: Sim, meus irmãos... como não? Nesta obra, se explica a influenciação que uma pessoa pode exercer sobre outra, mormente nessa questão de "preparo de cabeça, iniciação ou iaô, filho-de-santo"...

Então vamos ao caso de forma simples e direta: uma pessoa "fez cabeça no candomblé", com aliaxé ou camarinha, raspagem de cabeça, sacrifício de animais e toda uma seriação de preceitos próprios dos rituais de nação africana.

Essa pessoa, em conseqüência disso tudo, foi (ou ficou) enleada, envolvida, endividada com os elementos astrais inferiores que o seu "pai-de-santo" usou sobre sua aura, ou seja, sobre suas condições espirituais...

Não deve esquecer-se a pessoa que fez "camarinha", que esse ATO que devia ser sagrado na LUZ, foi feito nas trevas, porque foi acompanhado de AGONIAS, pela matança de animais, com sangue e tudo.

São animais (de 2 e 4 pés), é verdade, porém seres-viventes, com alma grupal...

Ora, é da tradição oculta, milenária, que o sacrifício de animais, o sangue etc., são elementos próprios aos atos de magia inferior ou NEGRA e, por conseguinte, de atração para o astral inferior. Quanto a isso não há a menor divergência em todos os ensinamentos corretos sobre o assunto...

Pois bem: — o "pai-de-santo" dessa pessoa "morre" (desencarna) e vai, obedecendo a inapelável Lei de Conseqüência ou Cármica, responder no Tribunal do plano que lhe é próprio, por tudo que fez de bom ou de mau na última condição humana.

Bem, essa pessoa, esse filho-de-santo, não deve esquecer que o seu "pai-de-santo" vivia, constantemente, alimentando esse astral inferior, sempre no sentido de afirmar cabeça, como é comum ou de hábito nos "candomblés"...

Ora, se a tal pessoa ou, nesse caso, o "filho-de-santo" ficou sem o seu "pai-de-santo", isto é, sem a pessoa que vivia alimentando esse astral inferior, o que pode acontecer ou tem acontecido positivamente?

Esse dito astral inferior acostumado ao sangue, aos sacrifícios de animais, às "comidas de santo" e outras coisas mais, sentindo a

MISTÉRIOS E PRÁTICAS DA LEI DE UMBANDA

falta disso tudo, costuma "virar-se" faminto sobre o infeliz filho-de-santo do falecido babalaô e perturbá-lo de tal sorte, que pode acontecer muita coisa ruim com ele...

Então, o que urge se faça para "limpar" toda essa influenciação inferior, negativa, relacionada com o antigo falecido "pai-de-santo"?... Tirar a dita influenciação ou a chamada MÃO DE VUMI (ou de defé)...

Nessa altura, o infeliz filho-de-santo tem dois ângulos sombrios pela frente e geralmente ele ainda não está em condições de discernir.

Assim, ou volta a ser explorado por outro "pai-de-santo", pagando dinheiro para "tirar a tal mão de Vumi" e cai nas antigas condições de escravidão astral espiritual ou fica às tontas (quando ele já é velho no santo, traquejado, costuma dizer que vai tirar a mão de Vumi em África ou, então, se encolhe, visto não ter confiança nos seus pares, pois sabe como "é que é a comida"), sem saber o que fazer, pois, da tal feitura de cabeça com Orixá e tudo, nada aprendeu de positivo, de decisivo, como é o caso da maioria...

Meus irmãos? Especialmente a você que se encontra nesse dilema: — Um conselho lhe dou. Não tire mais a tal mão de Vumi pelo "candomblé"!

Você vai ser explorado, vai pagar caro e vai cair nas mesmas condições, já o disse! Procure tirar a "mão de vumi" pela verdadeira Corrente Astral de Umbanda.

Ela tem Ordens e Direitos de Trabalho para isso... ali, você não paga dinheiro e se liberta da sombra para o Caminho da Luz... procure um "terreiro direito e um médium correto"... ainda existe por aí...

Já tirei a tal mão de vumi de alguns que iam pagar as quantias citadas e hoje em dia eles dão graças a Deus pela libertação de seus espirituais...

d) Perguntam se ainda há "terreiros" onde usa o castigo corporal para os médiuns.

Resposta: Há, meus irmãos. Eu conheço alguns.

Para não ir muito longe, em Madureira existe um que ainda usa palmatória para Exu e correia para disciplinar os "médiuns" de Caboclos...

E não é só... nesses "terreiros" tem acontecido até "casamento de santo"... Surpresos? Pois bem, também em Madureira, nesse tal "terreiro", fez-se o "casamento" de Pai André (sic) e Vovó Miquelina, com festas e comes e bebes... Ele, o Pai André, "baixou" em sua "médium" (mulher) e ela, a Vovó Miquelina (sic), "baixou" também em sua "médium" (mulher), deram as mãos (carnais, é claro), se ajoelharam "ternamente" e foram casados na terra, novamente...

Tudo isso (e mais um sem-número de casos que não tenho coragem de contar) se passa em pleno século XX e nessa atual Velhacap...

e) Perguntam por que os médiuns de Umbanda costumam não acreditar nos Caboclos e nos Pretos-Velhos dos outros médiuns...

Resposta: Ah! meus irmãozinhos! Perguntinha delicada essa... mas vamos à resposta, porque ela sairá simples de entender...

Bem, as pessoas que na corrente de Umbanda se dedicam às práticas mediúnicas, depois de algum tempo adquirem uma certa penetração ou traquejo, quanto a essa questão de mediunidade...

Assim é que, na simples "apresentação" de outro médium com seu "guia", pela conversa dele, pelos requebros, pelos viciozinhos de apresentação mesmo e comum à maior parte deles, o outro médium fica como que entendendo quem é, quem não é, se é, se não é...

Portanto, eles se tratam bem até, mas, no fundo (de um modo geral), é difícil acreditarem na mediunização uns dos outros, isto é, nesse tipo de "mediunismo" corriqueiro, de baixar Caboclo e Preto-Velho, para brincar dançando ao som dos tambores, para se apresentar e fumar charuto olhando a cara uns dos outros...

f) Perguntam o que há de verdadeiro sobre essa questão de "povo ou linha do Oriente" na Umbanda...

Resposta: (especialmente à irmã D. Iolanda): — Desconheço — porque nunca pude comprovar — a existência de uma "linha do Oriente" na Corrente Astral de Umbanda, composta de Entidades Orientais, da Categoria de Magos, esses que, segundo o entendimento geral, se apresentam com turbantes e longos roupões (tipo balandrau), ou seja, que conservaram o corpo astral com "as vestes" do grau de Iniciação...

MISTÉRIOS E PRÁTICAS DA LEI DE UMBANDA 223

Nunca pude constatar — repito — essa classe de entidades, esses magos, "baixando" nos terreiros "com a roupagem e os ademanes orientais", de mistura com os "Caboclos, Pretos-Velhos e Crianças"...

Em suma: não há uma "linha do Oriente", formada, exclusivamente, por magos orientais e organizada como uma corrente de força, atuando diretamente e a par ou por igual com as outras SETE LINHAS da Lei de Umbanda...

O que há, segundo as minhas observações (e de outros pesquisadores) ocultas, é o seguinte: — todos os ocultistas sabem que existe no astral a Corrente Branca dos Magos. Os filiados a essa corrente são seres já bastante evoluídos, de altos conhecimentos, enfim, são mestres nos conhecimentos mágicos, filosóficos, científicos, terapêuticos etc., são, portanto, Iniciados, em seus diferentes graus.

Não importa que esses Iniciados, esses Magos, tenham o corpo astral com as características de sua "raiz-afim ou de sua raiz perispirítica" que pode ser a de um oriental, de negro ou de um Preto-Velho, de índio ou de um velho pajé (payé) ou cacique; de um mongol, chinês, francês ou o que mais o seja. O que importa é que foi aceito, foi filiado, pelo grau evolutivo, pela soma de conhecimentos e experiências que alcançou, tendo-o tudo isso, capacitado a essa filiação...

Então, todos esses espíritos ou esses Magos, dentro da Lei de afinidade, não costumam "baixar" por aí, assim... nesses tais ambientes barulhentos, confusos, irrequietos, grosseiros, como são os de certos terreiros ou centros...

Assim, é preciso que, ainda dentro dessa citada Lei de Afinidade, encontrem ambiente e sobretudo médiuns apropriados... mas, onde encontrá-los, hoje em dia?

Agora, o que é de praxe, é o seguinte: esses Magos, especialmente esses que conservaram a forma astral de um Mago Oriental (como outros conservaram a forma de um Mago Payé, de um Mago Africano ou primitivo Babalawô ou Sacerdote) quando têm missão a cumprir, dentro da Corrente Astral de Umbanda, tomam a forma de "caboclo" e se situam, na Linha ou Vibração que, esotericamente, classificamos de OXALÁ.

Assim é que, se encontrarem ambiente e médiuns afins (o que é raro) tomam a "forma e um nome de guerra de Caboclo e baixam". Não bebem e nem fumam.

Dentro dessa praxe, ou melhor, dessa regra, conheço o Caboclo Urubatão, Ubiratã, Ubirajara, Guarani e outros...

Porque, na Umbanda, existe o mistério das SETE LINHAS, pelo TRIÂNGULO das formas, para efeito de apresentação exterior e de militança, que são as formas de "Caboclos, Pretos-Velhos e Crianças".

Isso eu não inventei, existe assim, há séculos, no Brasil. Não há que misturar, confundir... porque já consta em alguns livros de Umbanda, doutrina sobre 7 Linhas e mais UMA do Oriente, perfazendo, assim, 8 Linhas. Qual...

Tudo que acabo de expor tem sido confirmado pelos nossos verdadeiros "guias e protetores", isto é, são ensinamentos corretos deles, sobre a questão...

Finalmente: — se você, minha irmã, quer evocar, especialmente, essa corrente de magos orientais, esses que têm os roupões e os turbantes, é necessário que tenha ou prepare ambiente especial e médiuns afins ou, quanto mais não seja, escolha médiuns limpos, moral, psíquica e fisicamente; senão, você não consegue nem a projeção vibratória deles, quanto mais a irradiação ou a presença direta no local.

Isso tudo é o que considero como a verdade fria, nua e crua, a respeito do assunto... e queira aceitar um "saravá" fraterno e votos de muita força e assistência espiritual.